D1513895

{ Je chemine avec... }

HUBERT REEVES

Dès la sortie de l'adolescence, on nous demande de choisir notre voie. Rapidement, et, croit-on, définitivement. Mais comment trouve-t-on *sa* voie ? Quand nous demande-t-on ce qui nous anime, ce qui nous donnerait envie de nous lever le matin ?

D'où l'idée de partager, comme exemples de possibles, des récits de vie de personnalités très différentes, mais toutes libres et passionnées. Scientifiques, artistes, sportives, médecins, chefs cuisiniers, journalistes, artisans, entrepreneuses livrent avec franchise les étapes qui ont jalonné leur vie : les rencontres et choix décisifs, les joies ; mais aussi les moments de doutes, les détours, voire les échecs, et de quelle manière elles et ils les ont surmontés.

Un parcours ne se résume pas à un métier, il n'est jamais droit ni direct. Ce sont souvent les chemins de traverse qui nous remettent en question, nous renforcent et nous font aller plus loin.

Ces petits livres sont destinés aux jeunes, bien sûr, mais aussi à tous ceux qui ont l'audace de continuer à se questionner en grandissant.

Il n'est jamais trop tard pour (re)penser et construire son avenir.

Sophie Lhuillier, éditrice
Hubert Reeves, parrain de la collection

{Je chemine avec...}

HUBERT REEVES

Entretiens menés par Sophie Lhuillier

Éditions du Seuil
57, rue Gaston-Tessier, Paris XIXᵉ

* Hubert Reeves, *Je n'aurai pas le temps*,
Seuil, « Science ouverte », 2008, p. 247.

ISBN 978-2-02-143878-9

Il n'y a pas de règle générale.
Chacun cherche pour soi ce qui
donne sens à sa vie*.

{ HUBERT REEVES }

Hubert Reeves est canadien, il est né en 1932 à Montréal, mais vit en France depuis de nombreuses années. Astrophysicien renommé, il a mené ses recherches dans des universités et laboratoires aux quatre coins du monde : Canada, États-Unis, Europe, Russie, etc. Il a consacré ses principaux travaux à la physique nucléaire, et plus précisément à la théorie de l'origine des éléments chimiques. Il a ainsi participé à l'avancée de notre compréhension de l'évolution de l'Univers. Cette longue histoire du cosmos reste sa passion, qui n'a jamais faibli.

Hubert est devenu au fil des années un grand défenseur de la nature. Il considère que nous faisons partie d'un système global où cosmos, nature et humanité sont interdépendants et que c'est en préservant chacune de ces entités que nous pourrons maintenir un équilibre de vie pour tous. Il est à ce jour président d'honneur de l'association Humanité et Biodiversité ainsi que de l'Agence française pour la biodiversité.

Il est attaché à la transmission du savoir et n'a cessé d'enseigner durant sa longue carrière de chercheur. Il aime partager ses connaissances et ses questionnements en toute occasion ; c'est pourquoi il a écrit de nombreux livres, aux titres évocateurs et poétiques, *Patience dans l'azur*, *Poussières d'étoiles*, *Le Banc du temps qui passe*, etc. Il fait partie de ces scientifiques qui considèrent qu'intelligence et émotion sont complémentaires. Toutes deux sont nécessaires à la compréhension du monde.

Il est père de quatre enfants et grand-père de huit petits-enfants.

Aujourd'hui, il souhaite s'adresser particulièrement aux plus jeunes, à ceux qui ont leur avenir à construire. En livrant son parcours, ses doutes, ses réussites mais aussi ses échecs, il espère susciter des envies et donner des pistes à tous ceux qui cherchent à comprendre et à orienter leur vie.

Présentations

Cher Hubert, qui es-tu ?

Ah ! J'aimerais bien le savoir ! J'ai une passion, une pulsion, un vrai démon de la connaissance. J'ai envie d'apprendre. Je suis toujours très reconnaissant à qui m'apprend quelque chose et j'aime toujours apprendre aux autres. C'est une priorité au quotidien. Avant même de manger ! C'est comme si j'avais la mission, au sens ordinaire du terme, d'enseigner. Et plus j'avance en âge, plus cela se présente comme : « Il faut. Ça urge ! »

Qu'est-ce qui te donne envie de te lever le matin ?

Écrire. J'ai toujours envie de commencer par écrire, surtout si pendant la nuit j'ai eu une idée. Il m'arrive de me lever pour noter quelques mots, pour m'assurer que je n'aurai pas oublié le lendemain.

Et quand j'ai oublié, je suis furieux ! Ce peut être aussi le soir très tard. Quand à minuit je n'ai pas envie d'aller me coucher, je me dis parfois : « Ah, dormir, quelle perte de temps… »

J'ai ce besoin, qui me vient sans doute de mes parents. On est toujours très marqué par ce que sont nos parents. Une amie psychanalyste disait : « Le plus grand problème, c'est de sortir du désir de ses parents. » Et c'est vrai que ça nous harasse pendant longtemps. Pourquoi est-ce que j'entreprends telle action ? Parce que je sais que ma mère, en particulier, aurait aimé que je l'entreprenne. Encore aujourd'hui, cette idée traîne en moi. Je l'entends dire : « Plante-toi ! » Au Québec, cela veut dire : mets-y de l'effort – c'est-à-dire : au lieu de te promener, arrête-toi, plante-toi comme un arbre, et fais.

Une enfance stricte mais entourée de nature

Tes parents ont-ils été de grands soutiens dans le choix de ta voie ?

Non, pas du tout. Mes parents n'étaient pas scientifiques. Mon père était représentant de commerce et ma mère mère de famille. Mais il y avait une phrase importante que répétait souvent ma mère ; elle disait : « Nous, on n'est pas riches, on ne vous donnera pas grand-chose en héritage, mais ce que l'on va vous donner, c'est l'instruction. » L'« instruction », c'était dans la famille un terme très important. « Fais tes devoirs ! » était une phrase récurrente chez nous. C'était même assez lourd. J'étais dans un collège* de jésuites où il y avait vraiment de très bons professeurs, des professeurs

---

* Le collège privé, au Canada, à cette époque, correspondait aux huit années entre la 4ᵉ et la licence (L3 aujourd'hui) en France.

que j'admire encore. C'est plutôt auprès d'eux que je me nourrissais : des personnes qui m'apportaient des connaissances extérieures à celles de ma famille.

Mais j'avais un frère, mort maintenant, qui a été très important pour moi. Je savais que s'il me conseillait un livre, un film ou une musique, j'allais l'aimer. Il me guidait. Et encore plus importante, je crois, il y a eu ma grand-mère. Ma grand-mère n'était pas une intellectuelle. C'était une grande conteuse. Les enfants du village venaient écouter ses histoires. J'adorais. Et j'adorais aussi le fait de raconter moi-même des histoires, parce que je sentais le plaisir que ma grand-mère y prenait. C'est de là qu'est venu mon goût pour l'enseignement. J'ai découvert les ingrédients nécessaires à une bonne transmission : l'affection, l'exemple et l'encouragement.

Un terreau favorable à l'étude

Pour revenir à tes parents, penses-tu qu'ils t'ont donné le goût d'apprendre et d'étudier ou plutôt qu'ils t'ont mis une certaine pression pour réussir ?

Il flottait plutôt, je dirais, une injonction « sociale ». Dans le Canada des années 1940-1950, les jeunes devaient étudier, devaient pouvoir aller à l'université. Dans une bonne famille, bien catholique en plus de ça, il fallait qu'ils soient de bons enfants.

Ce cadre offrait une vie agréable, sympathique, mais pas très imaginative.

Ce serait donc ta grand-mère maternelle qui t'aurait ouvert à cet esprit imaginatif et créatif ?

Probablement, oui, grâce à ses histoires. Parce que ma mère était au contraire une jeune femme sérieuse, bonne mère de famille, avec quatre enfants, allant à l'église le dimanche, etc. Mais c'était une femme qui avait beaucoup d'énergie et une forte personnalité.

Et ton père ?

Mon père, c'est plus compliqué. C'est quelqu'un que j'ai d'abord détesté parce qu'il était très brutal et autoritaire. Il me battait et j'avais peur de lui. Il était écrasant. En même temps, je l'admirais, car c'était un homme d'une grande honnêteté, connu pour être quelqu'un d'exemplaire. Il y a deux phrases de lui qui me reviennent souvent et qui m'influencent : « Prends le taureau par les cornes ! » et « C'est quand ça va mal que l'on montre ce que l'on vaut » – parce que, lorsque tout va bien, c'est facile. En fait, je le voyais comme un mélange de Churchill et de Hitler ! J'admirais son énergie (un peu excessive, c'est vrai), son courage, mais je détestais son autorité arbitraire. Un enfant peut respecter certaines règles si on lui explique pour quelles raisons c'est important. Mais s'il ne les comprend pas, il ne les accepte pas. C'est ce qui a éveillé mon côté rebelle.

Comment t'es-tu rebellé contre cette autorité injuste ?

Je me suis rebellé par la musique. Mon père aimait Johann Strauss et ses valses classiques, et moi, j'aimais la fougue de Stravinsky. Dans la maison, je passais Stravinsky à tue-tête jusqu'à ce que mon père descende en furie pour me faire arrêter le phono. Ma mère, elle, jouait du piano. C'est d'elle que je tiens mon goût pour la musique. Quand j'étais enfant, elle jouait les sonates de Beethoven. Dans mon plus vieux souvenir, elle joue du piano, je suis seul avec elle et j'ai les yeux à la hauteur du clavier. Elle interprète *Sonate au clair de lune*, et je revois très bien l'une de ses mains passer par-dessus l'autre. Je dois avoir 4 ans.

Tu dis que les relations avec ton père se sont apaisées par la suite. Comment cela a-t-il été rendu possible ?

J'ai voulu sortir de sous son parapluie. Un père, pour un enfant, est une protection. Mais si cette protection se révèle brutale, tu n'as plus envie de rester dessous. Tu as envie de t'éloigner. Tu sais, un enfant peut ressentir, face à ses parents, qu'ils ont sur lui le pouvoir de vie ou de mort. Qu'ils peuvent le tuer. S'il éprouve cela, il développe un instinct de survie ou d'évitement. C'est probablement l'une des raisons pour lesquelles j'ai fait des sciences : pour échapper à mon père. J'ai choisi un domaine dans lequel je savais qu'il n'y connaissait rien, où je pourrais me soustraire à sa domination. On se saluait, on avait des rapports amicaux, mais je le tenais à distance.

Tu dis souvent que les balades en famille dans la nature t'ont donné un vrai goût de l'observation. Ton père faisait-il partie de ces moments ?

C'était plutôt avec ma mère. Mon père, lui, nous montrait les constellations. Pour un enfant, sortir la nuit avec son père regarder les constellations, c'est la fête, tu t'en souviens longtemps !

Qu'a-t-il pensé du choix de ta profession : astrophysicien ?

Dans la famille, beaucoup avaient suivi des études de droit. Il aurait voulu que mon frère et moi nous associions pour être avocats. Mais le droit ne m'intéressait pas et mon frère est devenu médecin ! Cela dit, il n'a jamais été contre non plus. Il ne s'est jamais mêlé de mes études, n'a jamais regardé si j'avais de bonnes notes. J'allais à l'université, c'était ce qui comptait le plus pour lui. Il était venu me rendre visite quand j'étais à Cornell*, mais il ne comprenait pas très bien ce que j'y faisais.

Je crois qu'il était fier de moi. Après coup, il disait : « Mon fils, il écoute de la grande musique ! » Après qu'on s'était disputés sur Stravinsky ! Tous les dimanches après-midi, on écoutait à la radio l'opéra du Philharmonique de New York avec mes cousines, ce que respectait beaucoup mon père. Il était fier de son fils qui écoutait du Verdi ! Pendant l'été, mes cousines venaient passer les vacances avec nous dans la maison de campagne de nos grands-parents au bord du lac Saint-Louis, pas loin de Montréal. L'ambiance y était plus détendue que pendant l'année scolaire. L'une de mes cousines est mon plus vieil amour, depuis que nous avons 2 ans ! Et nous sommes toujours très proches.

Transmettre : aimer, partager, encourager

Y a-t-il d'autres adultes autour de toi qui ont joué un rôle important ?

Oui, il faut que je parle du père Louis-Marie, figure très importante de mon enfance. C'était

---

* Prestigieuse université dans l'État de New York, aux États-Unis, où Hubert a soutenu son doctorat en physique.

le premier amour de ma mère – un amour déçu ; ce n'est pas lui qu'elle a épousé, mais elle en est restée très proche. Plutôt que d'épouser ma mère, le père Louis-Marie a intégré l'ordre religieux des Trappistes. Tous les ans, nous allions en famille à la Trappe d'Oka (à côté de Montréal) lui rendre visite. Il était professeur de botanique et de génétique à l'Université de Montréal, mais ses cours se donnaient dans l'enceinte du monastère. Il nous faisait visiter son laboratoire (les petites grenouilles, les petites tortues), nous montrait son herbier, et nous faisions des observations au microscope. Je l'admirais. En un sens, le père Louis-Marie était mon père spirituel. En tant que moine trappiste, il ne devait pas sortir du monastère, sauf pour « raisons exceptionnelles », alors, pour son métier, il venait herboriser sur notre terrain ! Ce n'était pas un moine radical, il s'amusait beaucoup. On ne mangeait pas de viande à la Trappe, alors, lorsqu'il venait, ma mère lui préparait de délicieux steaks T-bone ; cela faisait partie du folklore familial. On allait avec lui en forêt, il ramassait une petite plante et nous racontait son histoire, son utilité, etc. Il nous offrait des cours de botanique en direct. J'étais sous le charme. Je sentais qu'il m'aimait et je dévorais ses paroles.

D'où l'envie d'écrire ton herbier*.
Tu es revenu aux sources ?

Oui, tout à fait. La physique m'a tenu assez longtemps éloigné de la botanique, mais j'y reviens beaucoup ces derniers temps. Ce sont de vieux souvenirs de périodes heureuses. Quand tu es dans la forêt avec ta mère et le père Louis-Marie, tu te sens bien. Il y a comme une espèce de bonheur. Un jour, au catéchisme, vers 6-7 ans, on nous a demandé quels étaient les êtres invisibles. Il fallait répondre : « Les anges », et moi j'ai répondu : « Les microbes » ! J'avais trouvé mon cap. Sinon, comme je te l'ai expliqué, le climat familial était plutôt sévère et nous ne vivions pas beaucoup de festivités. Être obligé de privilégier les devoirs, les études avant toute chose, m'a aidé à progresser, c'est sûr. Le milieu familial, l'ambiance dans laquelle tu évolues jouent un rôle tout à fait fondamental. Mes parents vénéraient la nature, tout cela dans l'atmosphère très catholique du Québec de cette époque. Pour un enfant, lorsqu'il existe une harmonie entre ce que pensent ses parents, ce que pense le curé et ce que pense le Premier ministre, cela crée une atmosphère confortable : cette cohérence où tout semblait bien organisé était rassurante. Mais

---

* Hubert a publié en 2017 *J'ai vu une fleur sauvage*, dans lequel il nous raconte les fleurs sauvages de son jardin de Malicorne, en Bourgogne, à la manière du père Louis-Marie.

je n'avais pas de très bonnes notes. Je n'ai pas été un premier de la classe. En fait, je ne travaillais vraiment que ce qui me plaisait, c'est-à-dire les mathématiques, la physique et aussi la littérature, que j'aimais beaucoup. Et il y a des matières que je laissais de côté !

Tu le regrettes aujourd'hui ?

Non, pas du tout !

Faire ce que l'on aime, aimer ce que l'on fait

Ce conseil est rarement donné par les adultes, qui incitent souvent à plus de « raison ».

C'est vrai. Pour moi, c'est pourtant la voie idéale. Et c'était le message de ma grand-mère. Le milieu dans lequel je vivais n'était pas intellectuel. Tu sais comment mes amis m'appelaient ? P'tit Bonhomme Grosse Tête ! Ou aussi Petit Lecteur. Mais ma grand-mère prenait toujours mon parti. Elle leur disait, je m'en souviens très bien : « Laissez-le donc tranquille ! Il fait ce qu'il a envie de faire. »

**Justement, y a-t-il eu des lectures,
des œuvres d'art qui ont été déterminantes
dans tes choix de vie ?**

Un jour, mon père est rentré à la maison avec une *Encyclopédie de la jeunesse*. Cela a été un vrai beau cadeau. J'avais une douzaine d'années et j'ai passé des heures et des heures le nez dedans. Cette lecture m'a énormément influencé, j'en ai gardé quelques volumes : *Le Livre de la nature, Tous les pays, Histoires, contes et récits, Les Grands Voyages*. J'y passais bien plus de temps qu'à faire mes devoirs ou à apprendre mes leçons. J'y voyageais, j'allais visiter des villes africaines, etc., j'y trouvais un vif intérêt ! Ensuite, j'ai lu des livres d'astronomie : *La Vocation de savant*, de Pierre Termier (1929), l'*Astronomie populaire*, de Camille Flammarion (1880), évidemment. Ces livres-là, je les débusquais dans les malles du grenier. C'étaient les anciens livres de classe de mes oncles. J'adorais aller y fouiller, c'était le grenier des merveilles.

**Pourquoi t'es-tu dirigé vers l'astrophysique
alors que tu ne connaissais pas cette discipline,
et qu'on ne la connaissait pas non plus
autour de toi ?**

L'astrophysique me vient vraiment des livres du grenier ! Comme je l'ai dit, il y avait une pression pour que je fasse du droit, mais ça ne m'intéressait pas. Pour moi, c'était « futile ». Je n'avais pas envie de passer ma vie à régler des problèmes d'héritage, de murs mitoyens, etc. Ce qui ne me paraissait pas futile, en revanche, c'était l'astronomie. C'était ma passion de l'époque. Je faisais des cartes du ciel. Avec un ami qui partageait la même passion, j'ai construit un télescope. On devait avoir 15 ans. On avait poli les miroirs et on avait essayé de prendre des photos, mais ça n'avait pas fonctionné ! Ensuite on a regardé Saturne en famille. À cette époque, mon père me faisait confiance, nos querelles étaient terminées.

Une émotion énorme, une expérience magique !

À quel âge t'es-tu dit : « Voilà, c'est ça que je veux faire plus tard » ?

Je crois que cela date d'abord des visites au père Louis-Marie, vers 6 ans, 7 ans peut-être. Je le regardais et je me disais – c'est la phrase qui me revient : « Ça doit être une bonne vie ! » Je le voyais s'occuper de ses petits poissons, de ses plantes. Je me suis beaucoup identifié à lui. C'était un homme très bon, très agréable. Je me rappelle avoir visité une ferme expérimentale qui m'a procuré une émotion énorme. Dans cette ferme, des scientifiques faisaient des expériences d'hybridation sur des poulets. Au Québec, où l'hiver est glacial, les granges n'étaient pas chauffées et souvent les coqs mouraient de froid. Les généticiens du laboratoire avaient obtenu par hybridation un nouveau type de poulet qui supportait mieux le froid. J'étais ébloui ! Pour moi, c'étaient des magiciens ! Puis au collège, lorsque je suis arrivé en classe de philosophie*, mon prof de mathématiques connaissait bien l'astronomie. Avec le professeur de physique, on fabriquait des télescopes sur le toit du collège et on regardait Saturne. Évidemment, Saturne, c'est toujours la grande idole. Je crois que c'est à ce moment-là qu'il est devenu clair pour moi que je voulais faire de la science.

Sortir du désir de ses parents

Tu as choisi l'astrophysique en partie pour échapper au désir parental. Cela a-t-il suffi à t'en « sortir » complètement ?

Non, pas complètement, je suis toujours pris dedans ! C'est quelque chose que je sens en moi. Je suis encore dans le désir de ma mère. Elle attendait beaucoup de moi. Notre famille fonctionnait un peu sur le modèle des familles juives. À cette époque,

---

* La terminale en France.

les Québécois étaient vraiment mal considérés au Canada ; ils étaient ouvriers ou femmes de ménage. (Ça a complètement changé autour de 1960.) Mon père me disait toujours : « Nous, on est comme les Juifs, il faut être deux fois meilleurs que les autres pour réussir. » Ce sont des choses qui me reviennent encore quelquefois. De la même façon, le « Plante-toi » de ma mère. J'ai obéi à ça. C'est positif et négatif parce que ça peut facilement devenir obsessionnel et stakhanoviste* : « Il faut ! » Tu ne sais pas très bien si c'est une bonne idée, mais « Il faut ! » Autour de moi, on me dit souvent que j'ai déjà assez travaillé, qu'il faut que je me repose. Mais moi, je ne peux pas. Par exemple, je continue à faire de la physique. Je suis bien quand je travaille.

Par envie ou par devoir, alors ?

Les deux. Une petite voix intérieure, ce que j'appelle le « désir des parents », te dicte comme une mission. Cette mission que tu ressens est celle que tes parents t'ont signifié qu'ils attendaient de toi. Quelquefois, elle t'amène à entreprendre des choses que tu n'aurais pas voulu faire toi-même. Tu te sens comme « poussé » par elle.

---

* Du nom de l'ouvrier Stakhanov, modèle entre les années 1930 et 1950 d'une campagne de propagande soviétique en URSS faisant l'apologie d'un travailleur très productif et dévoué à son travail.

Malgré ton travail sur toi et ton expérience, tu considères être encore aujourd'hui sous cette emprise ?

Tu ne te libères jamais complètement. J'ai entrepris des analyses et aujourd'hui cette pression est moins forte et je peux y résister. Mais un ami psychanalyste disait à ses patients : « Ne vous attendez pas à ce que nous vous libérions de vos problèmes, nous allons juste vous apprendre à vivre avec. » Le moyen que je connais pour s'alléger au mieux de cette pression intérieure est d'essayer de prendre du recul. Il faut apprendre à écouter, comme au théâtre, tous les personnages qu'il y a en soi. Comme si tu te regardais de l'extérieur en tant que spectateur. Si tu arrives à identifier les différents personnages, cela t'aide à écarter ceux qui ne te conviennent pas. Par exemple, si tu es irrité par un enseignant, tu te demandes ce qui se passe en toi. « Je suis énervé parce que je ne comprends pas. Pourquoi ? » Il faut à tout prix éviter l'écueil de se remettre immédiatement en question en se sentant inférieur, inefficace ou inapte, et de penser : « C'est bien la preuve que je ne suis pas intelligent. » Il faut au contraire faire un pas de côté, se dire que celui qui enseigne est un être humain comme toi et moi, qu'il a ses propres limites lui aussi. Ce que j'ai découvert au cours de mes études, c'est que, quand les cours étaient bien expliqués, je comprenais. Je ne me suis pas laissé écraser par le fait que je ne comprenais pas.

Cela montre déjà une force de caractère. Ce n'est pas facile, jeune, d'exercer ce sens critique.

C'est de la confiance en soi. Il faut développer cette confiance. En psychanalyse, on dit que la confiance en soi, c'est le rapport avec sa mère. Moi, j'étais le favori dans ma famille ! Ma mère m'adorait. C'est un grand cadeau de la mère : si tu es chéri par ta mère, tu te sens naturellement fort et sécurisé. Mais, de manière générale, il faut apprendre à se faire confiance. Nous avons tendance à minimiser nos propres ressources.

Un parcours académique *et* atypique

**Peux-tu nous décrire les principales
étapes de ton parcours professionnel ?
Celles qui ont été déterminantes
dans ton évolution. Tes choix décisifs.**

À la fin du collège, j'ai décidé de faire des sciences, précisément de la physique, à l'Université de Montréal. Mon père avait acheté une maison, lorsque nous étions tout petits, le plus près possible de l'université. Je lui en suis reconnaissant. Nous étions donc à la fois près du collège et près de l'université. Chez moi, tout était pensé dans cette direction : l'ÉducAtion [*Hubert prend l'accent canadien*]. Donc, je me suis inscrit à l'université et, au premier semestre, catastrophe ! Je ne comprenais rien au cours de mathématiques. À Noël, je me suis tout simplement dit que ce n'était pas pour moi. Les cours ont repris en janvier avec un autre professeur, et là, je comprenais ! C'était simple, c'était clair. J'avais failli abandonner mon cursus parce que je pensais que si je ne comprenais pas, c'était parce que je n'étais pas assez intelligent… Avec ce nouveau professeur, tu ne peux pas savoir le plaisir que j'ai eu à aller en cours ! J'ai donc poursuivi et j'ai passé mon baccalauréat* en physique. Je n'étais pas premier de la classe, mais j'avais de bons résultats.

Étudier dans les années 1950 au Québec

Travaillais-tu beaucoup ?

Oui, beaucoup. J'aimais bien travailler. J'ai ensuite fait une licence, puis j'ai dû me spécialiser pour ma maîtrise. Je suis entré à l'université McGill, une université anglaise de Montréal. Toutes les spécialités m'intéressaient en physique. Mais j'ai choisi la « physique atomique » parce que je savais qu'il y avait un excellent professeur, un homme génial, J. D. Jackson, et que je voulais absolument suivre son cours. Il a accepté d'être mon directeur de mémoire de maîtrise et j'ai été son étudiant pendant deux ans. À cette étape

---

* Le baccalauréat, au Canada, correspond au master en France (les trois ou quatre premières années d'études post-secondaires).

du parcours, l'usage était de passer ensuite par une université américaine. C'était la garantie de bien progresser dans sa carrière. Mais les demandes d'admission dans ces facultés étaient vraiment nombreuses et on savait que l'on avait très peu de chance d'intégrer l'une d'entre elles. Princeton, par exemple, retenait à l'époque 2 % des demandes. J'ai rempli dix dossiers de candidature et, finalement, j'ai été reçu à Cornell, dans l'État de New York.

J'étais content car ce n'était pas très loin de Montréal. Et là, j'ai découvert ce qu'était la magie de ces grandes universités américaines. D'abord, tu es accueilli. On a plaisir à te recevoir, on te souhaite la bienvenue. Ensuite, ce ne sont pas seulement des lieux d'enseignement, mais des lieux dans lesquels *il se fait des choses*, c'est-à-dire de la recherche. Et enfin, encore plus important, on t'implique dans le processus. On te fait comprendre que toi aussi tu vas pouvoir participer à ces recherches. Ce cadre affectif est très présent, très important. Tu sens que tu évolueras dans un environnement exigeant, sérieux, mais bienveillant. À ton arrivée, on t'assigne un parrain, présent à tes côtés pour t'aider à réussir. Il te conseille dans les choix de tes matières, t'incite à travailler, etc., mais sans te faire de cadeaux. C'est une ambiance absolument géniale. Je me rappelle, un jour, lors de ma deuxième année, je rencontre dans un couloir le grand patron, Hans Bethe, celui qui a découvert que les étoiles produisent l'énergie nucléaire, qui me dit : « *I am glad to see you in this building !* » (Je suis content de te voir dans ces murs !). Je t'assure que ça te donne envie ! C'est fantastique. Une ambiance quasi familiale, avec des dieux autour de toi ! Tu te sens suivi, tu sens qu'on te fait confiance et que, en même temps, on attend de toi.

En France, à l'université, tu dois souvent te débrouiller tout seul. On s'intéresse peu à toi personnellement. C'est plutôt la politique de l'écurie, comme à l'époque napoléonienne. Tu acquiers plein de chevaux et tu les observes. Tu gardes ceux qui sont bons, et les autres tu les oublies. Arriver à tirer le meilleur de chaque étudiant en partant de là où il est – ses acquis, ses compétences, mais aussi ses lacunes et ses difficultés – devrait être la bonne attitude dans toute volonté d'enseignement.

Comment as-tu financé tes études ?

Chaque année, je devais enseigner la physique une journée par semaine à des élèves en début de cursus d'ingénieur. En contrepartie, mes études étaient financées et je recevais même un petit supplément d'honoraires.

La Révolution tranquille

**Combien d'années es-tu resté à Cornell ?
Et comment as-tu fait tes choix pour la suite ?**

J'y suis resté cinq ans, jusqu'à ce que j'obtienne mon doctorat. À cette époque, tu avais l'embarras du choix pour décrocher un poste. Des universités t'invitaient pendant une semaine pour voir si travailler avec elles pouvait t'intéresser. Ce n'est pas comme maintenant où tu peux attendre des années avant que l'on te fasse la moindre proposition. J'ai passé ma dernière année à visiter des universités américaines pour affiner mon choix. L'Université de Montréal, dans laquelle j'avais étudié, était en train de se restructurer et m'a offert un poste de professeur. La grande hésitation que j'avais était de savoir si j'avais envie d'élever mes enfants dans un milieu anglophone ou francophone. Comme je suis très attaché à la culture française, c'était pour moi une vraie question.

Tu avais déjà des enfants ?

Oui. Je me suis marié à 22 ans alors que je suivais mes études et, en sortant de Cornell en 1956, j'avais déjà trois enfants. Tu sais, dans les familles catholiques, on se mariait et on faisait des enfants ! Tous mes amis étaient dans le même cas : c'était la norme, la tradition, ça s'imposait.

Comment as-tu rencontré ta femme ?

Je l'ai rencontrée lorsque je faisais ma maîtrise à Montréal. C'était la fille de l'un de mes professeurs de botanique !

Comment as-tu réussi à concilier tes études encore en cours et ta vie de famille ?
Avec trois enfants, ça n'a pas dû être facile.

Au début, la vie a été très difficile. Ma femme a voulu des enfants tout de suite alors qu'au départ elle devait travailler. Rapidement, elle a été déprimée. Ma grande crainte quand j'étais à l'université, c'était qu'elle m'appelle pour me dire que ça n'allait pas. Ensuite, je ne pouvais plus travailler, j'étais trop préoccupé. J'ai donc failli arrêter mes études, mais j'ai été sauvé par ma belle-mère qui est venue nous aider. À la fin de ma thèse de doctorat, je l'ai remerciée car, sans elle, je n'aurais pas pu aller jusqu'au bout. C'était, d'après mon patron de thèse, la première fois que les remerciements d'un thésard allaient à sa belle-mère !

Ces difficultés n'ont pas remis en question tes choix à ce moment ?

Non, car j'étais malgré tout dans une zone de confort. On avait une belle vie. On organisait des fêtes, on voyait nos amis. Dans ce climat conservateur du

Québec des années 1950, tous les jeunes faisaient les mêmes choix. Et lorsqu'il y a un tel consensus autour de toi, tu ressens une énorme pression sociale. Quelques années après, dans les années 1960, quand le Québec a laissé tomber la religion et s'est modernisé, on s'est trouvés perdus, désorientés. Les repères qui paraissaient de l'ordre du devoir, ce que tu faisais parce que c'était « bien », ont volé en éclats. Les familles sont passées de cinq à six enfants à un ou deux enfants.

Donc, à quelques années près, tu aurais pu avoir une vie très différente ?

Certainement. Quelques années plus tard, il s'est produit ce qu'on a appelé la Révolution tranquille, le moment où le Québec a décidé de se débarrasser de l'autorité du clergé. Cela a été rapide, ça s'est déroulé sur une période de trois, quatre ans. Mais le plus étonnant, c'est que c'est un évêque qui a été à l'origine de ce mouvement. À sa nomination, il s'est rendu compte des disparités de vie énormes qui existaient entre les curés des églises des centres-villes et ceux des petites églises de banlieue. Révolté, il a voulu combattre ces inégalités de salaire. Mais il ne s'attendait pas à ce que son action prenne une telle ampleur dans le pays et que cette remise en question de l'autorité de l'Église provoque une telle débandade générale !

Y a-t-il eu des répercussions dans ta vie personnelle liées à ce mouvement ?

Oui, bien sûr, mais ça s'est fait lentement. À un moment, tu t'aperçois que des choses qui te paraissaient indispensables ne le sont plus.

Quand as-tu arrêté de pratiquer ta religion ?

Nous avons arrêté en même temps, avec ma femme, quand nous sommes arrivés en Europe, vers 1965. Mais notre pratique avait déjà commencé à décliner depuis quelque temps. Je me souviens d'un jour où nous étions retournés chez ma mère avec ma femme. Le matin, ma mère est venue nous chercher pour aller à la grand-messe. Je lui ai répondu : « On ne va pas à la messe. » Elle est entrée dans la pièce et m'a dit de manière très solennelle : « Mon fils, tu me déçois ! » Mais, à cette époque, ça ne me touchait plus, je voyais cela comme du théâtre.

Premier poste de professeur

Après Cornell, tu deviens professeur à l'Université de Montréal pendant cinq ans.

Comme cette université était en plein développement, on pouvait proposer de nouvelles initiatives, c'était très intéressant. J'ai demandé à changer de cours chaque année parce que, pour moi, la seule façon d'apprendre la physique était de l'enseigner. Enseigner est le meilleur moyen de savoir si l'on comprend soi-même.

Dans le même temps – on est en 1962 – je suis invité par la NASA (National Aeronautics and Space Administration) à New York. C'est le moment de la compétition pour la conquête de la Lune. Les Américains et les Russes sont en conflit. Les Russes envoient les premiers leurs satellites dans l'espace, les *Spoutnik*, puis les Américains les *Vanguard*. Le souci, c'est qu'à cette époque aux États-Unis la marine, l'aviation et les militaires de l'armée de terre avaient chacun leur projet et travaillaient séparément en secret. À cause de conflits de personnalités et autres, ça n'avançait pas. Kennedy* a imposé à tout le monde de se réunir au sein de la NASA pour rassembler les forces et obtenir des résultats rapides. Il a prononcé à cette occasion un discours devenu mythique.

Le problème que posait l'envoi de nombreux engins dans l'espace, c'était qu'il allait en revenir quantités de données numériques (différentes mesures : pression, densité, etc.) que personne ne saurait interpréter parce qu'il n'y avait pas d'entité dédiée à ce travail d'analyse. Or, ces données ne

---

* John F. Kennedy, 35ᵉ président des États-Unis, de 1961 à 1963.

sont utiles que si l'on peut en dégager des théories. C'est ainsi que la NASA a décidé d'instaurer au sein de chaque grande université un département des sciences spatiales. Il existait déjà des départements d'astronomie mais réservés surtout à l'étude des étoiles. Pour ce qui était des données obtenues avec des sondes, il fallait former des enseignants. La NASA a mis sur pied, avec l'université Columbia de New York, des formations d'été ouvertes à tous les candidats dans le monde, notamment dans les pays où il était plus difficile d'avoir accès à ce type d'études avancées. Un programme très généreux. Donc, chaque été, j'allais à New York et j'enseignais avec d'autres professeurs les connaissances nécessaires pour devenir un professeur de physique spatiale. J'ai beaucoup aimé cette période. On partait en famille, on louait un appartement, j'assurais mes cours et puis on allait se balader dans les environs.

Enseigner, un lien affectif

Enseignant l'année à Montréal, enseignant l'été à New York. Comment vis-tu ce métier ?

J'ai toujours adoré enseigner. Pour moi, c'est indispensable et complémentaire au métier de chercheur. Sinon, tu finis par tourner en rond. Ces deux activités se nourrissent mutuellement.

Pour enseigner, tu dois être présent et sensible à l'autre. Cette dimension affective est très importante. Il faut toujours que tu te demandes si l'autre comprend, si ça lui plaît, etc. Moi, ça me met en colère d'écouter de grands professeurs qui n'ont aucune empathie envers leur auditoire. Les gens, quand ils assistent à une conférence, sont inquiets de savoir s'ils vont comprendre. Il suffit qu'un conférencier emploie trois mots inconnus et l'auditeur est perdu. C'est pour cela que j'essaie toujours de parler non pas à deux cents personnes, mais à une à la fois. J'essaie aussi d'être dans une relation de l'ordre du dialogue plutôt que du discours magistral. J'essaie de voir dans les yeux de ceux qui m'écoutent si vraiment je m'exprime bien. Cette interaction doit être maintenue. C'est pour cela aussi que j'exige toujours un peu de lumière sur le public, j'ai besoin de voir les yeux.

Baccalauréat, maîtrise, doctorat : tu as suivi une voie académique. Qu'est-ce qui inspire la suite de ton parcours ?

J'ai eu pendant longtemps le rêve de venir en Europe. Tous les francophones hors Hexagone ont ce rêve : aller en France. On a lu Zola, Flaubert, Hugo, etc. Mais je voulais prendre le temps d'y vivre pour découvrir le pays et plus largement l'Europe. J'attendais une occasion favorable. Elle s'est présentée lors d'un séjour dans un laboratoire de physique nucléaire à Chalk River au Canada. Un professeur de Belgique m'a demandé si j'accepterais de venir faire un stage d'un an à l'université de Bruxelles pour enseigner ma spécialité. J'ai accepté. J'ai vendu tout ce que j'avais, ma maison aussi, j'ai mis la famille dans la voiture avec un coffre sur le toit, on a pris le bateau et, là, je me suis senti bien. J'avais l'impression d'être nomade.

Ce qui m'inquiétait à Montréal, justement, c'était de voir tout mon avenir inscrit devant moi : être d'abord assistant professeur et habiter en banlieue ; quelques années après, devenir professeur associé et aller habiter Montréal ; puis devenir enfin professeur titulaire et habiter Outremont, la banlieue chic. Je ne voulais pas de ce scénario déjà tracé.

Avec ma famille, on s'est installés dans une maison à Bruxelles. Je dispensais mes cours. Il se trouve que des professeurs d'Orsay qui travaillaient sur les mêmes sujets que moi y assistaient et qu'ils m'ont proposé de venir enseigner en France. J'ai sauté sur l'occasion et suis parti un an à Paris. À cette époque les choses étaient plus faciles : en une semaine, ils m'avaient obtenu un poste au CNRS et à l'université ! J'étais en année sabbatique de l'Université de Montréal. Comme tout se passait bien, que je suivais des étudiants en thèse, j'ai demandé un prolongement. Ils ont accepté un an supplémentaire. La troisième année, j'ai redemandé, mais là c'était trop ! Alors on a signé une convention selon laquelle j'irais à Montréal deux mois dans l'année, sur lesquels je concentrerais mes cours, et le reste du temps je serais en Europe. Cet accord a duré pendant trente ans. J'allais en octobre et en mai, les deux plus beaux mois au Canada, donner mes cours à Montréal.

Tu avais alors compris que ta vie était désormais en Europe ? C'était en 1968. Tu as vécu Mai 68 en France ?

Oui, mais je n'étais pas très engagé dans ces mouvements sociaux. Je me sentais plutôt « à l'extérieur ». C'était l'époque où je voyageais beaucoup : en Union soviétique, le « pays des mensonges » que je raconte dans mes *Mémoires**, en Italie, en Grande-Bretagne. À cette période, c'était vraiment ce qui me tenait à cœur : découvrir l'Europe en prenant le temps, en y travaillant. J'ai passé une dizaine d'années très épanouissantes où je combinais mes recherches et des rencontres très stimulantes.

---

* *Je n'aurai pas le temps, op. cit.*, p. 164-170.

**Tu as décidé de refuser certains postes
à responsabilités. Pour quelles raisons ?**

Je ne voulais pas accepter un poste administratif qui ne m'aurait pas laissé le temps de poursuivre mes travaux de recherche ni de continuer mon exploration du cosmos. Je ne voulais pas devoir m'impliquer dans des querelles de personnalités, de professeurs ni dans la rédaction d'interminables rapports administratifs.

Le cœur du sujet : l'astrophysique

**Peux-tu, avant d'entrer dans le cœur
de ton sujet d'études, la nucléosynthèse,
nous expliquer la différence
entre ces trois disciplines : l'astronomie,
l'astrophysique et la cosmologie ?**

L'astronomie et l'astrophysique aujourd'hui, c'est à peu près équivalent. Dans le passé, l'astronomie ne concernait que l'observation des mouvements des astres, des étoiles et des planètes. Avec Galilée, au XVIIe siècle, on comprend que ces astres obéissent aux mêmes lois que le monde terrestre. La physique devient importante pour comprendre les étoiles, donc, à partir de là, on parle d'astrophysique, mais dans la pratique les deux mots « astronomie » et « astrophysique » sont interchangeables. La cosmologie est propre à l'ensemble de l'Univers, son histoire, son début, le Big Bang, etc. En réalité, presque tous les astrophysiciens sont aussi cosmologues parce que ces deux objets d'études sont étroitement liés.

Peux-tu nous expliquer aussi en quoi consiste ta spécialité, la physique nucléaire ?

La physique nucléaire est une spécialité en physique qui concerne l'observation et l'étude du noyau atomique, le principal constituant de l'atome.

Maintenant, peux-tu nous détailler la problématique spécifique de tes recherches depuis ta thèse, la nucléosynthèse ?

On va remonter au XVIIIe siècle, lorsque les chimistes découvrent les « atomes » : le carbone, l'oxygène, l'azote, etc. ; puis au XIXe siècle, lorsqu'ils classent ces atomes à l'aide de ce qu'on appelle le « tableau de Mendeleïev ». Une question apparaît alors : mais quelle est l'origine de ces éléments ? Que s'est-il passé pour que notre Univers soit ainsi peuplé d'hydrogène, d'oxygène, etc. ? Au XIXe siècle, il n'y a pas de réponse à cette question. La réponse arrive au début du XXe siècle, avec la découverte de la physique nucléaire. Celle-ci nous apprend que, contrairement à ce que nous pensions, des éléments peuvent se transformer. Le vieux rêve des alchimistes, qui voulaient transformer le plomb en or, devient réalité ! La physique nucléaire nous apprend non seulement que des transformations sont possibles, mais aussi comment y parvenir.

Les grandes années de la physique nucléaire sont les années 1930-1960. On découvre que ces éléments se sont formés progressivement, du plus simple au plus compliqué, par addition. Tu prends deux éléments légers, tu les assembles, cela donne un élément plus lourd, et ainsi de suite. On creuse une autre question qui se posait depuis longtemps déjà : quelle est la source d'énergie du Soleil ? Comment le Soleil peut-il briller depuis des centaines de millions d'années ? Quel est son carburant ? Parce que l'on savait que les forces chimiques étaient incapables de produire une telle quantité d'énergie. Il fallait trouver une force beaucoup plus puissante que la force chimique ou électromagnétique. Cette force, c'est la force nucléaire. L'idée existait déjà, mais elle restait à prouver par des données. C'est en 1938 que Hans Bethe, dont nous avons déjà parlé, montre que le Soleil et les autres étoiles sont, dans leur cœur, des réacteurs nucléaires qui produisent des noyaux de plus en plus lourds. Le Soleil, tout comme nos réacteurs terrestres, brûle de l'hydrogène, qui devient de l'hélium. On a la recette : ce sont les étoiles qui produisent les éléments chimiques.

Mais reste une autre question : quel type d'étoile produit quel type d'élément ? Quelles sont les étoiles qui produisent du carbone, celles qui produisent de l'oxygène, etc. ? Mon patron de thèse m'a donné comme travail de montrer quantitativement que, quand tu as un gaz de carbone et que tu le portes à hautes températures, il devient du néon, du magnésium, du silicium et d'autres éléments. Et que les abondances d'atomes ainsi produites correspondent assez bien aux observations de ces atomes dans les étoiles. Ces recherches se sont développées entre 1940 et 1980 et c'est là que j'ai joué un rôle. Aujourd'hui, nous avons à peu près toutes les réponses. Il reste quelques problèmes, mais peu. Retrouver l'origine des éléments chimiques s'appelle la « nucléosynthèse » parce qu'il s'agit en fait de la synthèse des noyaux atomiques.

Donc, lorsque tu démarres tes recherches en tant qu'étudiant, tout est à découvrir, et quarante ans plus tard, vers la fin de ta carrière, les mystères sont pratiquement levés. Que ressens-tu aujourd'hui lorsque tu te retournes sur ces avancées incroyables ?

Je suis heureux de constater que j'ai participé à ce chapitre de l'astrophysique.

Ce qui est passionnant, c'est qu'en résolvant ces questions de scientifique tu te transformes en « historien », tu peux reconstituer un récit de l'origine de l'Univers.

Oui, c'est vrai. La question qui me captive est celle-ci : que s'est-il passé pour que les choses soient comme elles sont aujourd'hui ? Alors je me suis intéressé à l'origine des éléments chimiques, à l'origine du Système solaire, à l'origine des étoiles et à l'origine de l'Univers. Ce qui me motive, c'est d'être capable, à partir de mesures, d'établir des théories qui permettent de reconstituer le passé. Ça m'a toujours fasciné et ça continue à me fasciner : comment les secrets du passé peuvent être révélés par la science ? Il se passe un phénomène semblable en ce moment en archéologie. Les archéologues, lorsqu'ils trouvent une pièce, disons un bijou, sont capables, en analysant sa composition, de savoir d'où elle vient. Par exemple, pour l'or, il y a différentes mines d'or dans le monde et chaque mine a sa petite spécificité nucléaire. On peut ainsi reconstituer qui a voyagé, ce qu'on faisait, etc., tout cela en comparant différentes compositions chimiques. C'est ce côté Sherlock Holmes qui est très intéressant. Creuser le passé en faisant des mesures chimiques, c'est fantastique !

Peux-tu décrire le quotidien d'un chercheur, une journée type, par exemple ?

Une grande partie de l'activité de chercheur consiste à lire la littérature scientifique, à s'informer des derniers développements dans son domaine d'études, à assister à des séminaires et surtout à échanger avec d'autres scientifiques. Les scientifiques sont divisés en deux catégories : les expérimentateurs et les théoriciens.

L'expérimentateur invente des instruments de mesure (télescope, microscope, accélérateur de particules, etc.) pour réaliser des expériences. Ces instruments permettent de poser des questions quant à la structure de la matière. Et les résultats de ces expériences donnent des indications sur le monde ou la nature. Le théoricien, lui, essaie d'interpréter les résultats des expériences et peut aussi en suggérer.

L'aspect le plus important de la recherche, c'est l'interaction entre les esprits. Contrairement aux idées reçues, le travail de chercheur est très collectif. L'image du savant seul dans son laboratoire ne correspond plus à la réalité de ce que nous vivons aujourd'hui. Au contraire, nous collaborons beaucoup entre collègues et laboratoires, et sans ces échanges le travail ne serait pas aussi fécond.

Des joies...

**Parmi tes joies professionnelles,
y en a-t-il une qui t'a particulièrement marqué ?**

Oui. Je m'intéressais beaucoup à la fin de ma carrière à trois éléments chimiques qui sont le lithium, le béryllium et le bore. Quand j'ai commencé la recherche, j'avais assisté à une conférence à New York, en 1962, où des astrophysiciens – il y avait Fred Hoyle* en particulier – faisaient le bilan des connaissances sur l'origine des éléments chimiques. Nous savions alors quelle famille d'étoiles fabrique tel type d'élément (les géantes rouges fabriquent le carbone, par exemple). Mais il restait plusieurs éléments pour lesquels nous n'avions pas de théorie crédible. Je me suis mis à ce travail, avec des étudiants et d'autres chercheurs, pour combler ce vide. Il nous a fallu au moins quinze ans, mais on a trouvé plusieurs solutions. Cette étape, quand tu approches de la solution, puis que tu la trouves, et que tu sais que tu es parmi les seuls, avec ton équipe bien sûr, à la connaître, est vraiment passionnante !

---

* L'un des pionniers de la nucléosynthèse. Il a développé la théorie d'un Univers « stationnaire » par opposition au Big Bang. C'est lui, d'ailleurs, qui a créé cette expression *Big Bang* pour tourner en dérision le concept.

Une joie progressive et collective, donc.

Oui. Les découvertes se font progressivement. Par exemple, l'une des raisons pour lesquelles je voulais aller en Europe, c'était parce que je savais que pour avancer dans la résolution de ce problème lithium-béryllium-bore, il était indispensable de collecter des mesures par différents accélérateurs nucléaires. Parce que les atomes de ces éléments légers sont formés dans l'espace interstellaire quand des particules à haute énergie, appelées « rayons cosmiques », frappent et cassent en morceaux des atomes lourds. Il s'agissait donc de reproduire ces collisions en laboratoire pour découvrir les propriétés de ces éléments légers. Et comme les rayons cosmiques s'étalent sur une large gamme d'énergie, il fallait recourir à de nombreux accélérateurs. Alors j'ai commencé à faire, comme un voyageur de commerce, la tournée des laboratoires en Europe, aux États-Unis, en Union soviétique, au Japon pour essayer de les convaincre qu'en récoltant les données dont nous avions besoin ils participeraient à l'avancée de nos connaissances. Tout le monde trouvait l'idée intéressante, mais personne ne voulait se lancer dans l'aventure, qu'ils considéraient trop longue : il aurait fallu la mener sur dix ans. Or les crédits de recherche appellent des résultats rapides. Tu ne peux pas chercher pendant dix ans sans annoncer de résultats, sinon les gouvernements suppriment les crédits. C'est le célèbre « *Publish or Perish* ». En tant que chercheur, tu publies des résultats ou bien tu péris. C'est là que le CNRS à Orsay a joué un rôle vraiment important. J'ai appris par les professeurs que j'ai rencontrés en Belgique que le CNRS travaillait déjà sur ces sujets et que c'était l'un des rares lieux où l'on pourrait entreprendre ce type d'expérience.

L'accélérateur de particules d'Orsay était suffisant pour mener ces expériences ?

Au départ, oui, mais ensuite il a fallu que les chercheurs voyagent pour aller utiliser d'autres appareils. Parce qu'un accélérateur fonctionne à une seule énergie. Or, dans le monde, tu as des accélérateurs à différentes énergies. Les plus hautes sont au CERN* de Genève. Nous, on avait besoin d'établir la courbe de l'ensemble des énergies, alors les chercheurs d'Orsay sont partis avec leurs séparateurs d'isotopes en Angleterre, en Allemagne, etc., et ils ont reconstitué les éléments manquants en se promenant dans le monde avec leurs outils de mesure ! Ils ont ainsi pu recueillir des données complètes.

---

* Conseil européen pour la recherche nucléaire. Le CERN est le plus grand centre de physique des particules du monde.

Chaque fois que ces chercheurs rapportaient des données, elles confirmaient vos hypothèses ?

Oui, lentement. Au début très vaguement, et puis après, de façon de plus en plus précise. Ça, c'était satisfaisant, c'était génial !

Finalement, d'où viennent ces trois éléments légers ?

Ils viennent de deux sources. Dans l'espace, il y a beaucoup de particules rapides, les rayons cosmiques, qui vont pratiquement à la vitesse de la lumière ; et il y a aussi beaucoup d'atomes au repos. Les collisions de ces particules rapides avec les atomes au repos forment des débris atomiques, qui constituent en fait ces trois éléments dont nous cherchions la provenance. On a pu identifier en même temps un autre aspect mal connu de la matière cosmique, les « cendres » du Big Bang : ces restes du gigantesque réacteur nucléaire qu'a été le Big Bang, la phase chaude des tout débuts de l'Univers. Les deux sources de ces atomes sont donc, d'un côté, les cendres du Big Bang pour le béryllium et le bore, de l'autre, les bombardements du rayonnement cosmique sur les atomes interstellaires pour le lithium.

Aujourd'hui, c'est encore possible
d'entreprendre ce type d'expérience au CNRS ?

C'est plus difficile qu'avant, surtout avec les baisses de crédits. À cette période, la France sortait de la guerre et voulait rebâtir son domaine scientifique. Il n'y avait presque plus rien, donc de Gaulle y avait investi beaucoup d'argent. Quand j'ai proposé au CNRS d'intégrer leur équipe et de rester en France, leur réponse a été « oui » tout de suite. Ils étaient contents d'accueillir un chercheur de formation américaine. Ce n'est plus le cas maintenant bien sûr, quoique le président Macron, sur ce plan, ait débloqué un gros crédit pour attirer des chercheurs américains en France. Il profite de la pagaille créée aux États-Unis par Trump, qui, lui, a coupé beaucoup de crédits à ses chercheurs. C'est astucieux de sa part. Donc, en ce moment, il y a de plus en plus de chercheurs étrangers, pas seulement américains d'ailleurs, qui viennent en France, malgré les lourds frais d'inscription qui compliquent la donne.

... et des difficultés professionnelles

Nous venons de parler de tes joies professionnelles. As-tu aussi des souvenirs de grandes difficultés que tu aurais pu rencontrer dans ton parcours ?

Oui. J'ai eu des difficultés avec ce que l'on appelle les « requins ». Les requins, ce sont ces collègues qui constatent que tu développes une thématique intéressante, qui s'en emparent et qui publient les résultats avant toi. Ça m'est arrivé à plusieurs reprises avec des chercheurs que j'avais voulu aider, et une fois, en particulier, lorsque je travaillais avec mon directeur de thèse, Ed Salpeter. Il y avait un chercheur qui travaillait sur le même sujet que nous et qui nous assurait que nous faisions fausse route. Il est venu nous voir trois fois, et trois fois nous lui avons expliqué pourquoi il se trompait. Et puis un jour, peu de temps après, j'ai reçu une lettre de lui disant : « J'ai fini le travail, je le publie. » Quand tu es étudiant, tu es plus lent que lorsque tu es professionnel, bien sûr. Il a profité de son expérience pour publier le premier. À cette époque, je ne me méfiais pas, mais après j'ai fait plus attention. Au point que lorsque je travaillais à la NASA, comme on avait repéré avec mes collègues l'un de ces requins, on avait fait circuler une blague : « S'il arrive dans ton bureau pour te demander ce que tu fais, tu sors tes travaux qui ne fonctionnent pas ! » Ce qui peut se passer aussi, c'est qu'un autre chercheur travaille en même temps que toi, sans que tu le saches, sur le même objet d'études que toi. J'ai vécu cela lorsque je rédigeais mon mémoire de maîtrise. L'autre étudiant, de Manchester, a publié ses résultats avant moi. J'ai dû arrêter de mon côté et ça, c'est très frustrant aussi, après tant de travail.

Comment a réagi ton directeur de thèse ?

Il n'a pas vraiment réagi, il m'a dit : « Ça arrive ! »

**Et comment as-tu réagi, toi, à ce coup dur ?
Tu as songé à arrêter ?**

C'est déprimant ! Ça m'a écœuré. J'ai songé à arrêter, oui, ça m'a coupé toute mon énergie. D'autant plus que j'aurais pu résister, j'aurais pu combattre. Mais ce n'est pas dans ma nature, je ne suis pas combatif. J'en connais qui l'auraient fait. Je n'ai jamais accepté de me battre pour défendre mes idées. Je me suis toujours dit : « Si mes idées sont bonnes, elles se défendront d'elles-mêmes. » Mais, ce faisant, je renonce à leur paternité. C'est vrai, c'est frustrant. De toute façon, le problème, c'est que, quoi que tu fasses, il y a peu de chance que l'on se souvienne de toi dans vingt ans. Ton nom disparaîtra des textes scientifiques. Tout ce que tu peux espérer, c'est que certains de tes résultats, ou de ceux de ton groupe, soient intégrés dans la littérature scientifique, qu'ils soient reconnus comme valables pour les années à venir. C'est une ascèse à laquelle tout chercheur doit se soumettre. Sauf s'il se nomme Albert Einstein !

Comment as-tu fait pour rebondir ?
Qu'est-ce qui a réussi à te remotiver ?

Le ressort est lié à la confiance en soi, et à ce que disait mon père : « C'est quand ça va mal que tu montres ce que tu vaux. » Tu es *down, down*, et tu te questionnes : « Qu'est-ce que je fais maintenant ? » Et puis cette petite flamme intérieure te dit : « Je vais poursuivre parce que je ne peux pas imaginer que je suis celui qui ne pourra pas poursuivre. » Je ne pouvais pas m'imaginer renoncer. Renoncer à ce que j'aime. Sinon, après, tu es obligé de vivre avec l'idée que tu es en échec. Et comment tu supportes cette idée ? C'est fort ! Alors tu y retournes !

Vie professionnelle et vie personnelle, l'équation difficile

Comment as-tu fait pour concilier vie professionnelle et vie personnelle ?

Je dois dire que sur cette question je ne suis pas très fier de moi. Il y a eu une période, quand les enfants étaient petits, où je ne m'occupais pas beaucoup d'eux. Ils en ont souffert. Puis ma femme, Francine, est partie et j'ai dû m'occuper seul de mes quatre enfants adolescents, et ça n'a pas été simple non plus.

Est-elle partie, selon toi, notamment à cause de ton fort investissement professionnel ?

En grande partie, oui. Mais pas seulement. Nous sommes dans les années 1970, le féminisme arrive en France et Francine se rend compte qu'elle n'est pas faite pour être mère de famille. Elle aussi avait suivi le modèle de ses parents : un père universitaire et une mère au foyer. Elle réalise que ça ne correspond pas à ses aspirations personnelles. Elle se met à la chanson et travaille le soir dans les caveaux et les boîtes de nuit. Elle devient de plus en plus militante et finit par retourner au Québec pour défendre la chanson folklorique québécoise.

À cette période, parviens-tu à continuer à travailler ?

Non, impossible. J'avais beaucoup de mal à me concentrer, je n'étais pas présent à mon travail et j'étais inquiet à l'idée que mes collègues s'en aperçoivent. Quand tu sens que tu n'es pas bien, que tu n'arrives pas à travailler, ça te démoralise. Tu te sens « nul », incapable et c'est un cercle vicieux. Mais à cette époque il y a une expérience qui m'a fait beaucoup de bien. Un ami, Jacques Very, professeur d'arts plastiques dans un collège proche d'Orsay, avait conçu un projet magnifique avec une classe. Il s'était mis d'accord avec le professeur de sciences et le professeur de lettres pour réaliser des travaux sur le thème de l'espace, de l'astronomie et des étoiles, et voulait faire un livre à partir de ce travail. Ce qui a donné lieu à *Soleil*, publié en 1977*. Jacques m'a demandé de participer au projet et pendant deux ans je suis allé une fois par semaine rencontrer ces jeunes gens. Ça a été très thérapeutique pour moi car, ça, j'arrivais à le faire. Je sentais que, pour eux, ma participation était importante. Dans cette phase difficile, me savoir utile m'a aidé à reprendre confiance en moi. C'est peut-être l'expérience qui m'a donné le plus envie de faire de la vulgarisation.

Cette période a duré longtemps ?

Oui, environ deux ans. C'était vraiment difficile. J'ai suivi une analyse, car j'avais des pensées suicidaires. Et puis j'ai rencontré ma seconde femme, Camille, qui a joué un rôle très important. Elle m'a redonné confiance en moi et m'a aidé à reprendre le dessus. Retrouver un équilibre dans une famille recomposée n'est pas facile, cela prend du temps. Avec Camille, j'ai pu redémarrer. Elle était journaliste à cette époque, c'était ma meilleure lectrice, franche et sans complaisance. Nous avons trouvé

---

* Ce livre, réalisé en collaboration avec Jacques Very, Éliane Dauphin-Lemierre et les élèves de ce collège, a connu trois éditions : La Noria, 1977 ; La Nacelle, 1990 ; et Seuil Jeunesse, 2006.

Malicorne, notre maison en Bourgogne au cœur de la nature, et j'ai tendu à un certain équilibre, fruit d'une lente construction, autour de mes 50 ans.

Quelles ont été les rencontres déterminantes dans ta vie professionnelle ?

Il y a un professeur de Cornell, qui est mort maintenant, Philip Morrison, qui était vraiment quelqu'un que j'adorais. J'allais à ses cours avec le plus grand plaisir. D'abord il était très clair, très gai. Il racontait des histoires. Il avait eu la poliomyélite*. Il était déformé et montait avec peine sur l'estrade quand il faisait ses conférences, et puis il se retournait, t'envoyait un sourire extraordinaire, et là, ça commençait. C'est lui qui nous a raconté l'arrivée du *Spoutnik* dans l'espace en 1957. Ça avait fait beaucoup de bruit. On entendait à la radio : « *bip bip bip bip* », c'étaient les *Spoutnik*. Les Américains avaient l'impression d'avoir les communistes au-dessus de leurs têtes. Ils étaient terrorisés et hystériques ! Morrison était un homme extrêmement cultivé, il connaissait la littérature, l'histoire, il savait tout. Il m'a donné le goût de m'intéresser à plein de choses. J'étais déjà curieux, mais voir cet homme, riche d'une culture immense, avec un jugement

---

* Maladie infectieuse, et contagieuse, de la moelle épinière. Deux vaccins, mis au point dans les années 1950, ont pratiquement fait disparaître cette maladie à ce jour.

excellent, qui en plus était drôle et infirme, me donnait l'exemple. J'ai appris beaucoup de « trucs » d'enseignement de lui : la façon de s'adresser à son auditoire, etc. Il mêlait toujours des histoires rigolotes et sérieuses en même temps. On est restés très liés. Il y a eu aussi mon patron de thèse, un juif autrichien, Ed Salpeter, qui a vécu toute la guerre dans une cave, chez un SS qui l'avait recueilli et caché. Il disait toujours que l'on ne savait pas tout. Cela m'a appris à « réserver mon jugement » sur les situations. Il était très bon en physique et j'essayais d'être aussi bon que lui. C'était mon ambition. Je suis quelqu'un de très ambitieux, trop par moments. Après je deviens anxieux, je me mets la pression. Aujourd'hui c'est encore le cas alors que je n'ai plus vraiment besoin de travailler !

Pourquoi, à ton avis ?

À cause de cette injonction intérieure : « Je dois faire plus ! Encore plus ! » C'est aussi devenu une question de responsabilité. Quand tu es une personne connue, ta parole a plus de poids. Et il y a des choses à dire. C'est un des moteurs de mon activité en faveur de l'écologie. Il faut expliquer, partager, il faut que les gens sachent. Je fais un rêve qui revient souvent. On est dans une maison, il y a une fête, on mange. Et puis, tout à coup, je sens la fumée. Je me dis : « Il y a le feu ! » Je regarde autour de moi et je vois que personne ne réagit. Je m'alarme : « C'est grave, la maison flambe et personne ne réagit. » Comme disait Jacques Chirac, il ne faut pas cesser de dire aux gens que la maison brûle, même si pour le moment ils continuent de regarder ailleurs.

Le premier livre, *Patience dans l'azur*

**Nous reviendrons bientôt à l'écologie.
Mais avant cela j'ai encore quelques questions à te poser sur ton cheminement. À quel moment et pourquoi écris-tu ton premier livre ?**

Lorsque mes enfants étaient petits, nous allions en vacances dans un village vacances à côté de Marseille. Il y avait beaucoup de familles et le soir nous discutions entre adultes. Nous parlions de nos métiers et lorsque je disais le mien, cela suscitait de la curiosité. J'ai commencé à faire quelques exposés en projetant des diapositives sur le mur de la cafétéria. Un soir, une amie m'a demandé pourquoi je n'écrivais pas un livre qui raconterait tout ça. Je n'y avais jamais pensé, mais l'idée m'a plu et j'ai entrepris, dès que j'avais un peu de temps, de récolter de la matière. Ça a duré une dizaine d'années. En 1980, j'étais à Berkeley, mon manuscrit était prêt. Je l'ai envoyé par la poste en France à une personne chargée de s'occuper de trouver un éditeur. Il a été soumis à plus de trente maisons d'édition. Pas une n'en voulait. Elles répondaient toutes : « L'astronomie ? Ça n'intéresse personne ! » En 1967, un physicien de Nice, Jean-Marc Lévy-Leblond, m'avait invité à un congrès qu'il avait organisé sur l'astrophysique. Nous avions sympathisé et étions restés en contact. Au moment où je remettais mon manuscrit dans le tiroir, Jean-Marc m'a appelé pour m'apprendre qu'il venait d'être nommé à la direction d'une collection scientifique au Seuil, la collection « Science ouverte ». Il m'a demandé si je n'avais pas un manuscrit à lui soumettre. C'est arrivé comme une bénédiction ! Je lui ai envoyé le manuscrit. Il m'a rappelé immédiatement et m'a dit : « Si tu n'as pas encore signé, j'arrive chez toi et on signe. » Ensuite, il m'a reçu pendant trois jours chez lui et nous avons repassé mot à mot tout le livre. C'est comme cela qu'a démarré notre longue collaboration. Jean-Marc est vraiment un directeur de collection extraordinaire, je ne connais pas d'équivalent. C'est quelqu'un de très professionnel, qui prend les choses au sérieux. Il m'a donné d'excellents conseils. Il y avait deux, trois chapitres auxquels il ne croyait pas. Je lui ai fait confiance, je les ai supprimés et l'avenir lui a donné raison. Il a même défendu le titre, *Patience dans l'azur*. La direction du Seuil voulait que je le change. Pour moi, c'était non négociable. Il est revenu à plusieurs reprises à la charge, jusqu'à obtenir gain de cause. Sans être convaincue, la direction a fini par capituler !

Et depuis, tes titres, toujours poétiques, font partie de ton succès !

À l'époque, les livres de vulgarisation scientifique restaient encore assez spécialisés. Ce livre s'adresse à un autre public, plus large. Il y a, par exemple, un public de personnes retraitées qui, après avoir rempli leurs obligations de vie active, veulent se faire plaisir. Elles ont envie de se cultiver. L'astrophysique est la discipline idéale pour cela parce que les étoiles inspirent le rêve autant que la rationalité. Elle est sérieuse mais, en même temps, elle porte aussi sur l'imaginaire. On se disait avec Jean-Marc que si on vendait deux mille exemplaires du livre, ce serait un joli succès*. Les ventes ont commencé lentement, et puis je suis passé à l'émission de Bernard Pivot, *Apostrophes***. Au départ, Pivot ne voulait pas m'inviter parce qu'il ne se sentait pas compétent en sciences. Mais c'est mon attachée de presse, Évelyne Cazade, qui a su le convaincre en lui proposant un plateau avec François

---

* Depuis sa parution en 1981, le livre s'est vendu à des centaines de milliers d'exemplaires et a été traduit dans de nombreuses langues.

** Grande émission littéraire, créée et animée par Bernard Pivot, diffusée sur Antenne 2 de 1975 à 1990.

Jacob*, notamment. À partir de là, je suis entré dans un tourbillon médiatique. Le livre marche, donc tu te fais inviter à la télévision, à la radio et ainsi de suite. J'ai aussi reçu beaucoup de courrier et j'ai commencé à préparer un autre manuscrit à partir des questions ou critiques soulevées par les lecteurs. Un exemple : on m'a reproché de ne raconter que la « belle histoire » et de ne pas évoquer le nucléaire. C'est pour répondre à cette critique que j'ai écrit *L'Heure de s'enivrer*** où je développe la question.

Après ce premier livre, tu savais que tu allais poursuivre dans l'écriture ?

Oui, bien sûr, c'est ce qui arrive souvent avec un succès, ça te mobilise. Aujourd'hui, l'écriture est devenue prioritaire dans ma vie.

As-tu déjà eu envie d'écrire de la fiction ?

Oui, j'ai écrit un roman, mais, selon mes lecteurs, c'est « ni fait ni à faire ». Donc, celui-là, je l'ai vraiment remis dans le tiroir !

---

* Biologiste et médecin, François Jacob (1920-2013) a obtenu avec André Lwoff et Jacques Monod, le prix Nobel de physiologie ou médecine en 1965.
** Publié en 1986 dans la collection « Science ouverte », puis en 1992 dans la collection de poche « Points Sciences ».

Tournant vers l'écologie

À partir de quelle époque et comment as-tu commencé à prendre conscience de l'importance du sujet écologique ?

Ça s'est passé à New York, dans les années 1960. Un physicien américain, James Hansen, faisait partie des professeurs qui enseignaient avec moi la physique spatiale (dont j'ai parlé au début du livre). Nous discutions au café, il s'inquiétait de la multiplication des voitures. Il se demandait si le rejet de gaz carbonique (l'effet de serre) ne pouvait pas avoir un effet nocif sur l'atmosphère. Sa spécialité était l'étude des atmosphères, y compris celle de la Terre. Il produisait des courbes, des calculs, il était en plein dans le sujet et il s'inquiétait. Nous, les autres professeurs, trouvions cette préoccupation exagérée. Nous n'étions ni convaincus ni tracassés par ce problème. Mais, quand même, nos conversations m'avaient laissé un doute, et parfois je me reposais la question. Progressivement, j'ai compris que James Hansen avait raison. Mais il s'est souvent retrouvé seul avec ses positions et son franc-parler. Il a été exclu de la NASA. Et depuis Trump, qui est sorti de l'Accord de Paris sur le climat (premier accord universel sur le climat signé en 2015, à l'issue de la COP21), c'est encore pire.

À cette époque, pendant la guerre froide, beaucoup de mes conférences portaient sur le péril nucléaire. C'était mon souci, ma préoccupation. Mon discours se résumait globalement à ceci : « L'Univers engendre la complexité. La complexité engendre la technologie. Et la technologie peut engendrer le non-sens. » Quand on arrive à élaborer des arsenaux de bombes atomiques, on se met en danger. Et je terminais mes conférences en posant cette question : « L'Univers a-t-il un sens ? Imaginons que l'humanité s'élimine elle-même, pourrait-on dire que la réalité a un sens ? » Progressivement, j'ai commencé à comprendre qu'il n'y avait pas que l'énergie nucléaire qui pouvait être dévastatrice. D'autres périls, que l'on ne devinait pas encore, menaçaient. Et j'ai commencé à sentir, par exemple, que le réchauffement produit par le gaz carbonique pouvait devenir catastrophique.

Le nucléaire, sujet épineux

Comme la majorité des scientifiques dans les années 1970, tu étais pronucléaire. Comment ta pensée a-t-elle évolué sur le sujet ?

J'ai participé à des débats pronucléaires avec comme adversaire Pierre Trudeau, le Premier ministre canadien de l'époque, qui, lui, était contre ! Moi, j'étais pour, car je nourrissais, comme beaucoup de mes collègues, le rêve de l'énergie gratuite pour tous, de la fin de la pauvreté dans le monde. C'était une période d'euphorie. Nous, les physiciens nucléaires, nous sentions comme les héros qui allaient sauver le monde !

Mon changement de point de vue a été très progressif. L'accident de Tchernobyl* a bien sûr joué un rôle. Mais, avant, un autre élément s'est révélé important pour moi. Il date de la fin de mes études, en 1964. J'avais été invité par la compagnie General Atomics. Elle voulait construire près de Detroit un nouveau type de réacteur, appelé surgénérateur, qui fonctionne à haute température (1 200 °C à 1 300 °C). C'est très dangereux. Cette compagnie était en procès avec des industriels de l'automobile qui, inquiets, voulaient stopper la construction de ce surgénérateur. Me sachant pronucléaire, les dirigeants de General Atomics m'avaient invité à venir témoigner en leur faveur au procès. Ils considéraient que la voix d'un étudiant de Hans Bethe à Cornell, l'un des meilleurs professeurs dans le domaine, aurait plus de poids que celle de simples ingénieurs techniciens. Je suis donc resté une semaine sur les lieux et j'ai étudié leur projet. Le problème, c'est que je

---

* Plus grave catastrophe nucléaire du xxᵉ siècle, survenue le 26 avril 1986 à Pripiat, alors en République socialiste soviétique d'Ukraine.

ne suis pas arrivé à la même conclusion qu'eux. Je pensais au contraire qu'il y avait des risques, notamment parce qu'ils utilisaient comme refroidisseur du sodium liquide et non de l'eau, et qu'à cause de cela il y avait une possibilité de grippage. Selon moi, ils avaient mal mesuré ce risque. À la fin de la semaine, je leur ai expliqué que je ne pouvais pas témoigner en leur faveur puisque je n'étais pas convaincu que la sécurité soit garantie. Ils ne l'ont pas mal pris, mais ils ont continué à développer leur projet. Nous nous sommes quittés amicalement sur ce refus.

L'année suivante, j'ai appris qu'il y avait eu un accident grave sur ce réacteur, que le sodium avait grippé, et que pendant quelques heures ils avaient envisagé d'évacuer la ville de Detroit. Heureusement, la catastrophe a été évitée. Ils ont entouré le site de barbelés et cette petite île de vacances paradisiaque est devenue interdite d'accès. C'est là que j'ai pris conscience du danger de l'industrie nucléaire. Cet épisode a confirmé ce que je commençais à soupçonner : profit et sécurité ne font pas toujours bon ménage !

Et puis plus tard, dans les années 1970, j'ai été témoin d'incidents qui m'ont aussi mis la puce à l'oreille. Des camions circulaient auprès des réacteurs expérimentaux. J'ai mis beaucoup de temps à comprendre ce qu'il y avait dedans. C'était en fait du matériel radioactif que l'on allait jeter dans l'océan. Le commandant Cousteau* a protesté et a réussi à faire interdire ces rejets de substances radio-actives. Mais restait à savoir ce que l'on allait faire des déchets. Ça n'inquiétait personne à l'époque, tout le monde se disait qu'on trouverait bien une solution grâce à la technologie. L'essentiel était d'avancer au plus vite sur une technique rentable, avant les autres.

Comment expliques-tu que cette prise de conscience sur les dangers du nucléaire ait été si lente au sein de la communauté scientifique ?

J'ai longtemps été mal vu au CEA (Commissariat à l'énergie atomique). Un jour, on m'a fait venir au siège à Paris et on m'a fait passer une espèce d'examen pour connaître mes vraies opinions. Je leur ai expliqué très franchement les réserves que j'avais envers le nucléaire. Je pensais qu'ils allaient me mettre dehors – j'étais au CNRS mais hébergé à Saclay –, eh bien pas du tout ! Plus tard, alors que j'avais publiquement exposé à la télévision mes opinions contre le nucléaire, dans les années 1982-1983 environ, on m'a convoqué une nouvelle fois au siège. Je me suis dit : « Cette

---

* Jacques-Yves Cousteau (1910-1997) était un explorateur océanographique, officier de la Marine nationale et devenu au fil du temps un grand défenseur de la nature.

fois, c'est la bonne ! » Eh bien toujours pas. On m'a simplement reproché de ne pas avoir dit que je travaillais pour le CEA ! Pour une fois qu'un membre de leur équipe avait des propos défendables auprès du public, il aurait fallu que je le fasse savoir. Cela aurait soigné leur réputation, ils auraient ainsi pu prouver qu'ils étaient transparents sur leurs activités. J'aurais pu être une caution pour eux !

**Alors que tu vivais cette « conversion »
personnelle sur ce sujet du nucléaire,
as-tu essayé de fédérer
les autres scientifiques autour de toi ?**

J'en ai beaucoup parlé, mais je n'ai pas mis de pression. Je ne me voyais pas faire de la propagande ou du militantisme. Je ne suis pas sûr que ça aurait été utile, d'ailleurs.

**Changer de point de vue sur le nucléaire a été
ton premier pas décisif vers l'écologie.
Aujourd'hui, considères-tu que l'écologie
soit l'engagement qui te mobilise le plus ?**

Oui, certainement. En fait, ça a commencé par le mouvement de Rassemblement des opposants à la chasse (ROC), qui était dirigé par Théodore

Monod*. Cette association a beaucoup agi pour réguler la chasse, c'est-à-dire pour arrêter les mauvaises pratiques des chasseurs, qui étaient seigneurs et maîtres, et faisaient ce qu'ils voulaient. C'était dans les années 1990. Lorsque Théodore Monod est mort, en 2000, on m'a demandé si je voulais bien prendre le relais, car il fallait quelqu'un de connu. J'ai accepté à deux conditions. La première, c'était que l'on précise que je ne suis pas un opposant systématique à la chasse. Pour moi, la chasse peut avoir un rôle de régulation ; c'est comme avec les pompiers : tu fais appel à eux quand il y a un problème. La seconde, c'était que l'on change le nom de l'association. Le mot « opposant » me posait problème. Un mouvement dans lequel on s'oppose n'est pas très dynamique. L'association s'est réunie et a choisi de se renommer Ligue pour la préservation de la faune sauvage puis, l'évolution continuant, Humanité et Biodiversité. Je cherchais depuis un certain temps à m'investir pour l'environnement mais, excepté mes conférences, l'occasion ne s'était pas présentée. Je l'ai saisie à ce moment.

---

* Théodore Monod (1902-2000) était naturaliste biologiste, explorateur, spécialiste du désert et grand humaniste.

L'engagement social

En Mai 68, tu avais 36 ans, tu étais professeur en France. Même si tu n'as pas été très « impliqué », quel était ton point de vue sur cette révolte étudiante ?

Je suis resté assez distant par rapport au mouvement. Peut-être justement parce que, au Québec, la révolution s'était faite de manière « tranquille » et que ça me convenait mieux. Une cause me semblait juste, cela dit, c'était la rébellion contre cette presque « dictature » du monde des enseignants sur les élèves. Mais je disais à mes étudiants : « C'est en classe qu'il faut protester, ce n'est pas dans la rue ! Il faut prendre la parole. » Avec Mai 68, les étudiants se sont accordé le droit de prendre la parole – en partie du moins, car cet esprit de caste n'a pas complètement disparu en France. Avec Mai 68, on a un peu désacralisé le professeur, et les étudiants sont devenus plus actifs en cours.

Aujourd'hui, que penses-tu des mouvements sociaux, militants, menés principalement par les nouvelles générations, comme Nuit debout, les ZAD, etc. ?

Je pense que c'est fondamental. Ces mouvements jouent un rôle social, ils aident à avancer et à chercher de nouvelles solutions. C'est ce qui est important : l'innovation. On a compris que les solutions présentes n'étaient pas les bonnes. Nous sommes dans un équilibre (social, écologique, politique, etc.) tout à fait précaire. Maintenant, la difficulté est de savoir comment installer de nouvelles propositions. Ce qui est sûr, c'est que ça ne peut se faire ni par la violence ni par le non-droit, parce que ça ne mène nulle part. C'est donc extrêmement délicat de piloter ces transformations. Là, on sort de mes compétences. Mais je rejoins les collapsologues* : les systèmes actuels sont tellement fragilisés et en équilibre les uns par rapport aux autres qu'un effondrement est possible (ce qui a failli arriver avec la crise financière de 2008). Nous ne sommes pas nécessairement face à une catastrophe cosmique, on pourra y survivre, mais il faut s'y préparer. Nous devrons gérer des situations beaucoup plus austères que maintenant. Il n'y aura plus assez d'énergie (de pétrole) pour continuer à vivre sur le mode de vie luxueux qui nous vient des Trente Glorieuses. On peut vivre sans ce luxe, bien sûr, mais une question se pose : comment réapprendre à vivre sans lui ? Que sera cette planète,

---

* La collapsologie, ou l'étude des sciences de l'effondrement, est un terme qui a été inventé en 2015 par Pablo Servigne et Raphaël Stevens, auteurs du livre *Comment tout peut s'effondrer. Petit manuel de collapsologie à l'usage des générations présentes*, Seuil, « Anthropocène ».

ne serait-ce que dans trente ans ? Nous n'en avons aucune idée.

Il y a vingt ans, ces sujets ne mobilisaient presque personne. En 1996, par exemple, lorsque Jacques Chirac a repris les essais nucléaires (avant de les arrêter définitivement), j'ai voulu alerter autour de moi car je pensais que c'était une très mauvaise idée. À l'époque, les chefs d'État tentaient de s'entendre pour éliminer l'armement nucléaire dans le monde. Il fallait convaincre les nations de ne pas se lancer dans cet armement. En reprenant les essais en France, on envoyait un message cynique qui disait : « Faites ce que je dis, pas ce que je fais. » Je pensais que j'aurais beaucoup d'écho. L'un des seuls qui menaient le même combat, c'était Théodore Monod. Il avait organisé une manifestation pour protester contre ces nouveaux essais et m'avait invité à le soutenir pour rassembler le plus de monde possible. On s'est retrouvés tous les deux sur une plate-forme de camion, avec des porte-voix et quasiment personne autour de nous. Cette question ne préoccupait pas les citoyens. Ce serait aujourd'hui, il y aurait certainement une bien meilleure mobilisation. Mais à cette époque, c'était décourageant. Quand il y avait un problème concernant l'Éducation nationale, il y avait des millions de personnes dans la rue, et pour un problème concernant la sécurité nucléaire, personne ! Même mes amis proches ne voulaient pas s'en mêler, avaient peur de perdre leur job. On me disait de rester tranquille, de ne pas faire de vagues. Moi, j'avais une position un peu plus facile : si ça n'allait pas, je pouvais retourner travailler au Canada. Je ne prenais aucun risque du côté du CNRS. Il aurait pu y en avoir un du côté du CEA, mais ça n'a pas été le cas, ce qui illustre le peu d'intérêt que l'on portait à ce problème. Aujourd'hui, les gens réagissent et protestent beaucoup plus ouvertement sur les sujets écologiques. Je l'ai constaté souvent, au Québec en particulier. Par exemple, il n'y a pas très longtemps, le projet de construire une usine qui polluerait énormément, dans une région où j'ai passé mon enfance, a failli voir le jour. Les citoyens se sont fortement mobilisés et le projet a été abandonné. Il y a vingt ans, les gens ne se seraient pas sentis concernés. L'opinion publique est beaucoup plus entendue maintenant. On l'a vu aussi en France, avec la résistance contre la construction de l'aéroport de Notre-Dame-des-Landes. Le rassemblement citoyen après la démission de Nicolas Hulot en est un autre signe. Et, récemment, la mobilisation des jeunes, initiée par la Suédoise Greta Thunberg, un autre encore. À Poissy, des écoliers de CM2 ont créé, avec leur enseignante, le premier lobby représenté par des enfants, Le Lobby de Poissy. Ils ont décidé de rédiger une Charte internationale des droits de la planète. Je les soutiens. Je me réjouis de toutes ces initiatives qui fleurissent.

Cette frilosité montre aussi le manque de perspective qu'il y avait à l'époque. Cela paraît aujourd'hui assez incompréhensible.

On réalise après coup. On était encore dans l'euphorie des Trente Glorieuses, tout allait bien. Tchernnobyl : *pfft* ! Le nuage n'est pas passé au-dessus de la France, après tout* ! Le jour de l'accident, je devais prendre l'avion pour la Russie avec Camille et le vol a été annulé. Camille avait entendu parler de l'accident sur deux radios hors Hexagone. Le soir, on a regardé le journal télévisé pour en savoir plus et là, surprise, pas un mot sur l'accident. Quand, des années plus tard, j'ai rencontré le journaliste qui présentait le journal de la nuit sur TF1 dans les années 1980, je lui ai demandé ce qui s'était passé ce soir-là. Pourquoi avait-il fait cette impasse ? Il m'a répondu : « Monsieur, vous devez savoir que nous recevons des ordres. » C'est donc l'Élysée qui avait dit à la télévision : « Silence ! »

---

* Les autorités françaises avaient fait savoir que, malgré la gravité de la catastrophe, le nuage nucléaire n'avait pas traversé la France et que les citoyens français n'étaient pas en danger. Ce qui bien sûr était faux.

L'argument de l'époque était qu'il ne fallait pas paniquer la population.

C'est ça. Mais c'était une erreur de stratégie, car la vérité finit toujours par paraître. Ensuite, c'est pire, parce que tout le monde perd confiance. C'est essentiel de dire les choses tout de suite. Si tu les caches, tu le paies cher un jour ou l'autre. C'est ce qui s'est passé. Dire que le nuage avait frôlé la frontière mais n'était pas passé au-dessus de la France, c'était même franchement prendre les gens pour des imbéciles.

L'expérience que tu as eue dans le militantisme n'a pas été très convaincante de ton point de vue. Tu en as conclu qu'il valait mieux que tu mènes tes combats seul ?

Absolument. Parmi mes collègues scientifiques, j'avais essayé de créer un mouvement de protestation. Je me suis fait taper dessus. Ils disaient que l'espérance de vie n'avait jamais été aussi longue et que les choses allaient de mieux en mieux. Ce qui est vrai. Mais ce n'est pas une raison pour supporter ce qui nous menace.

**Ton profil te différenciait : Canadien,
personnage médiatique mais hors du cénacle
des grandes écoles françaises. Un électron
libre, en somme. En France, ça agace.
Tu as dû te sentir seul, parfois, au milieu
de cette communauté scientifique...**

Maintenant les choses ont bien changé mais, à cette période, j'en ai un peu souffert.

Le « réveil vert »

**Aujourd'hui, sur la thématique écologique,
ta voix compte, tu parviens à rassembler autour
de cette cause. Depuis combien de temps ?**

Oui, ces derniers temps, avec l'association Humanité et Biodiversité, nous sommes beaucoup plus entendus, auprès du gouvernement et ailleurs. Nous observons des progrès, mais nous nous demandons s'ils sont assez rapides. Nicolas Sarkozy nous écoutait beaucoup déjà lors de sa présidence (2007-2012). L'un des premiers succès que nous ayons connus concernait des compagnies minières en Guyane. Ces compagnies canadiennes demandaient l'autorisation à la France d'établir des mines d'or en Guyane, dans un parc national en plus, et étaient sur le point de l'obtenir. Le problème en Guyane, ce sont les chantiers d'orpaillage, où travaillent les *garimpeiros*, ces travailleurs qui viennent clandestinement, surtout du Brésil – c'est purement illégal –, et dont les pratiques sont désastreuses pour l'environnement. Pour extraire l'or, tu peux soit verser du mercure, ce qui est toxique à mort, soit verser du cyanure, ce qui est juste un peu moins pire ! C'est une catastrophe pour les populations autochtones. La France essaie de contrôler ce phénomène, mais la Guyane est une grande région, d'une superficie plus grande que la France, et c'est difficile. Nous avons beaucoup milité pour que ces pratiques soient contrôlées, parce que nous sommes en train de laisser détruire l'un des espaces à la biodiversité la plus riche du monde. Nous avons obtenu un rendez-vous avec Nicolas Sarkozy et avons fait valoir différents arguments. Le premier était que si ces mines d'or devaient s'installer en France, ce serait la révolution dans le pays. Un autre était que si la France a des avantages en Guyane, elle a aussi des responsabilités : les autochtones doivent être considérés comme les Français. Finalement, le président a été convaincu par nos arguments et a refusé de donner l'accord de la France aux compagnies canadiennes. Mais aujourd'hui le problème se pose à nouveau avec le président Macron parce que la Guyane est en très grand déficit. Pendant la campagne présidentielle, avant l'élection donc, nous avions eu l'occasion de lui parler de cette question. Dominique Leglu, du journal *Science et Avenir*, avait organisé une rencontre avec six personnalités scientifiques pour le questionner sur son programme. Moi, je l'avais interrogé sur sa position sur la Guyane justement. Il m'avait répondu que maintenant, dans les mines, on pouvait utiliser de nouvelles techniques beaucoup moins polluantes. À voir… Quand il y a beaucoup d'argent en jeu, cela favorise les compromissions. Nous savons que ce dossier sera rouvert.

Comme tu l'as dit, les premiers questionnements sur le possible dérèglement climatique à venir ont eu lieu assez tôt, dès les années 1960-1970, soutenus par des scientifiques et des intellectuels. Mais ensuite il y a eu cette période de déni, où ce sujet a été écarté, oublié. Il a fait peur sans doute, on n'a pas voulu y croire et, comme tu le dis aussi, on a préféré rester sur l'euphorie des Trente Glorieuses. Ces dernières années, assistons-nous à un second « réveil vert » ?

Je dirais plutôt que le réveil vert s'amplifie en ce moment, il ne s'est jamais complètement éteint. Il est progressif, mais ce qui est encourageant, c'est qu'il prend de l'élan, il prend de la vitesse. Pratiquement chaque semaine j'entends parler de nouvelles démarches. Il y a eu la COP21, en 2015, bien sûr, mais il y a eu, encore plus important, les réactions américaines contre les décisions du président Trump. De nombreuses grandes villes et de nombreux États se sont engagés non seulement à respecter l'accord de la COP21 malgré lui, mais même à aller plus loin ! Les Américains, que ce soit en Californie, à New York ou même au Texas, se sont dit : « Qu'est-ce que c'est que ce père – parce qu'un président c'est aussi une figure paternelle – qui ferme les yeux sur ce qui se passe ? » On sent que le vent a tourné lentement mais réellement. C'est la fameuse phrase de Churchill : « Ça n'est pas la fin. Ce n'est même pas le commencement de la fin. Mais c'est peut-être la fin du commencement. » Les gens font beaucoup moins l'autruche, on n'entend pratiquement plus ce discours : « Oh, ça va s'arranger, l'humanité a toujours trouvé des solutions, elle trouvera encore. » Ils sont bien conscients des tempêtes, des canicules et des catastrophes qui se passent maintenant sous leurs yeux. Ils se réveillent, ils n'ont pas envie de se laisser emporter par ce courant destructeur.

Ton engagement public pour la cause écologique est multiple. Qu'en est-il dans ta vie quotidienne ? Jusqu'où as-tu modifié tes habitudes ?

J'ai changé certaines choses. Je ne peux pas te dire que je sois exemplaire. Je ne suis pas végétarien et je pense que je devrais peut-être l'être. Mais si l'argument c'est de ne pas tuer, une carotte, en fait, tu la tues aussi, c'est aussi un organisme vivant ! Donc cet argument ne me convainc guère. Le sujet de la nécessité ou non des protéines animales pour l'être humain est encore controversé. Tu viens d'avoir un bébé : est-ce que tu peux prendre le risque de ne lui donner aucune protéine animale ? Je ne sais pas. En revanche, je suis contre la barbarie envers les animaux et soucieux de l'impact de l'élevage sur le niveau du CO_2, bien sûr. Mais je me méfie toujours des positions radicales, surtout sur des sujets controversés. Donc, oui, je questionne mes pratiques, mais je n'ai pas tout changé. Par exemple, j'aurais beaucoup de mal à me priver d'un bon bain chaud qui me détend plus que tout.

La Terre vue du cœur

À l'été 2017, vous avez décidé, avec Iolande Cadrin-Rossignol, de réaliser le documentaire *La Terre vue du cœur*, sorti sur les écrans au mois de mai 2018. Quelle était l'idée de départ ?

Son idée était la suivante : plutôt que de se lamenter uniquement sur ses effets négatifs, montrer aussi les effets positifs qui émergent de cette situation climatique désastreuse. Il y a encore de graves détériorations, mais en même temps une dynamique de restauration se manifeste un peu partout dans le monde. L'idée était de faire savoir que tout n'est pas nécessairement foutu, que nous ne sommes pas dans une situation catastrophique qui va forcément éliminer l'espèce humaine, qu'il y a un avenir possible – dans la même ligne que le film *Demain**.

---

* Documentaire réalisé par Cyril Dion et Mélanie Laurent en 2015 qui a connu un succès mondial au cinéma. Un nouveau volet, *Après demain*, réalisé par Cyril Dion et Laure Noualhat, a été produit pour la télévision, et diffusé en décembre 2018.

Ce qui frappe dans ce documentaire, c'est que des scientifiques s'autorisent à parler des émotions qu'ils ressentent face aux résultats de leurs recherches. Penses-tu que les scientifiques devraient parler plus avec leur cœur de manière générale pour nous aider à nous mettre en mouvement ?

Quand tu es convaincu par une cause, tu ne dois pas attendre. La permission, tu la prends. Dans le domaine de la biologie, il y a déjà un certain nombre de scientifiques qui s'expriment sur le dérèglement climatique. Mais ce qui me pose question c'est : pourquoi dans les sciences dites « dures », la physique et les mathématiques, ce n'est pas le cas ? J'ai essayé à plusieurs reprises de faire, comme aux États-Unis, des pétitions avec mouvements de protestation, mais ici ça ne marche guère. Pourquoi ? Beaucoup parlent mais peu agissent. Ils n'osent pas. Aux États-Unis, il y a un mot pour désigner les gens qui n'attendent pas qu'on leur dicte d'agir, mais qui décident seuls qu'il y a des causes à défendre, des choses à faire, et qui le font : ce sont des « proactifs ». Il y a beaucoup de proactifs aux États-Unis, peu en France. Les Français ne se sentent jamais autorisés. Mais en réalité, qui les en empêche ? D'où vient cette peur ? Je te donne un exemple. En 1996, j'étais dans le Gers, au Festival d'astronomie de Fleurance, avec le journaliste

Claude Sérillon pour la Nuit des étoiles. C'était encore au moment où Chirac voulait relancer les essais nucléaires. Nous avons décidé ensemble que, sans prévenir personne, nous exprimerions à l'antenne notre opinion en expliquant pourquoi nous étions contre. Il y avait plusieurs scientifiques autour de nous. On les a sollicités pour se joindre à nous ; ils n'ont jamais voulu. On s'est demandé de quoi ils avaient peur. Perdre leur job ? Pourtant, quand on est fonctionnaire, on ne perd pas son job comme cela.

Il semblerait que les nouvelles générations évoluent sur ce point. Peut-être que, étant nées dans cette situation d'urgence, elles vont devenir plus proactives. En tout cas, beaucoup de jeunes commencent à prendre en compte ces paramètres dans leur vie concrète. Certains déménagent pour vivre entourés de nature, d'autres remettent en question leurs études, abandonnent tout pour se lancer dans des actions de protection de l'environnement, etc.

Oui, l'important c'est de passer de ce que l'on sait à ce que l'on fait. Cette crise écologique fait appel à l'innovation des êtres humains, à leur capacité à réagir. C'est particulièrement positif selon moi chez les adolescents. Parce que l'adolescence est une période où les jeunes commencent à s'intéresser au monde qui les entoure et ont à choisir une idéologie. Quelles idéologies y avait-il au XXe siècle ? Tu avais le choix entre le communisme, qui au départ était une bonne idéologie mais qui s'est transformée en stalinisme, et le nazisme. Il n'y avait pas d'alternative. C'est tout le drame des années 1930. Qu'y avait-il comme perspectives pour un adolescent qui voulait devenir actif mentalement, c'est-à-dire se développer une pensée ? Edgar Morin, qui était adolescent en 1936, en parle bien. Il dit en substance ceci : il arrive dans l'histoire qu'une situation semble bloquée, que l'avenir paraisse foutu. Adolescent, c'était ce qu'il pensait. Pourtant, aujourd'hui le nazisme a disparu, le stalinisme aussi, et on a construit autre chose. Edgar Morin montre que la réalité est toujours surprenante et qu'on ne peut jamais prévoir ce qui va se passer : « La réalité a plus d'imagination que nous. » Elle connaît des voies qui ne paraissent pas évidentes sur le moment. Si le nazisme et le stalinisme n'ont finalement pas tenu, c'est qu'ils n'étaient pas des idéologies positives, mais des idéologies qui menaient à des réalités destructrices – 60 millions de morts pendant la guerre. Donc, il reste un élément d'espoir, c'est que l'avenir n'est pas déterminé par ce qui se passe à un moment donné, mais qu'il a cette capacité à créer du nouveau.

Aujourd'hui, nous avons à disposition une idéologie acceptable pour un être qui se respecte.

Contrairement au nazisme ou au stalinisme, l'écologie est une idéologie valable : sauver l'humanité, ce n'est pas rien ! L'humanité est périssable. La guerre froide l'a montré : nous avons été à deux doigts de nous exterminer de nombreuses fois. Pourquoi n'est-ce pas arrivé ? Personne ne le sait très bien, mais c'est comme ça : la réalité a bien plus d'imagination que nous. J'aime l'idée que les choses apparemment les plus certainement prévisibles puissent être déviées de leur trajectoire et donner finalement tout à fait autre chose. Pour moi, c'est l'un des aspects les plus intéressants de la science. J'aime beaucoup cette phrase de Haldane* : « L'Univers est non seulement plus étrange que nous le supposons, mais plus étrange que nous pouvons le supposer. » C'est une dimension de la réalité qui nous dépasse. Le grand apport de la physique quantique, c'est de nous avoir fait comprendre qu'il existe une part de hasard dans la nature. Il y a des lois *et* du hasard. L'avenir est inconnu. L'avenir n'est pas écrit. Un seul choix peut orienter une trajectoire. D'où l'importance d'avoir des outils pour choisir en toute conscience. Il faut être éveillé, lucide vis-à-vis de ce qui se passe. C'est une attitude psychologiquement dynamique : nous pouvons agir. Nous sommes dans un état critique, dans un état qu'au Moyen Âge on appelait le « temps des

---

* John B. S. Haldane, généticien britannique du XXᵉ siècle.

veillées d'armes ». La veille des combats, les soldats se rassemblaient et essayaient d'échanger et de se préparer mentalement. Nous allons vers des bouleversements majeurs, c'est évident. Ce qui ne veut pas dire que nous n'avons pas d'avenir.

Ce que j'ai récolté en chemin

Es-tu satisfait de ton parcours de vie ?
Si c'était à refaire, changerais-tu quelque chose ?

J'ai fait plusieurs erreurs et, si je pouvais recommencer, je sais comment j'arrangerais les choses. Il y a un problème qui se pose à tous les scientifiques, c'est le : « Et moi, et moi, et moi. » Lorsque tu choisis de faire des sciences, c'est pour des raisons valables, bien sûr. Tu veux développer les connaissances, etc. Mais ça peut être aussi beaucoup pour ta gloire personnelle. Les scientifiques ont envie que leur génie éclate au grand jour. Le rêve de devenir Newton ou Galilée, c'est très moteur. La première étape pour un scientifique est de renoncer à ce rêve. En revanche, ce que tu peux espérer, c'est que tes résultats soient intégrés dans l'histoire de la recherche.

Ce n'est pas à proprement parler une « erreur ».

Ce n'est pas une erreur en soi, mais cette attitude m'a amené à faire des choix que j'ai regrettés. Par exemple, lorsque des collègues américains ont adopté les idées de notre travail sur l'origine des éléments légers, ils m'avaient proposé de signer la publication avec eux. À l'époque, l'erreur que j'ai faite, c'est que j'ai refusé.

Une leçon de vie

Tu veux dire que tu as eu à ce moment une réaction d'orgueil et que, si c'était à refaire, tu signerais ?

Absolument. Ma réaction n'a pas été la bonne. Si j'avais accepté, aujourd'hui mon nom serait peut-être encore associé à ces résultats. C'était un manque de maturité et de l'orgueil aussi, oui. Je me disais : 1) Je n'ai rien en commun avec ces gens qui m'ont piqué mes idées. 2) Je ferai une publication où il n'y aura que ma propre signature et on verra bien. Résultat, on n'a rien vu, car il ne s'est rien passé ensuite ! Finalement, ça n'a été qu'une perte de temps. Si j'avais un conseil à donner à un.e jeune étudiant.e scientifique, je lui dirais : « Apprends que ton nom aura probablement disparu de la littérature scientifique dans quelques années, que cela ne te décourage pas de continuer à avancer. »

Cette recommandation ne vaut pas seulement en sciences, elle pourrait s'appliquer à toutes les disciplines. Il s'agit en réalité d'un travail personnel sur l'ego, qui ne peut nuire à personne !

Oui, mais, même si on n'en parle pas beaucoup, l'ego est particulièrement présent dans l'environnement des scientifiques, en de nombreuses circonstances : publications, synthèses, conférences, etc. C'est un milieu dans lequel cohabitent beaucoup de rivalités et de jalousies entre chercheurs, qui subissent la pression d'une course aux résultats, aux publications, etc. Je te donne un exemple. Cela faisait des décennies que les scientifiques cherchaient des exoplanètes. Michel Mayor, un astrophysicien suisse, est le premier à en avoir détecté dans les années 1990. Lorsqu'il a publié ses résultats, des articles ont été écrits pour essayer de discréditer son travail, parfois de manière assez hargneuse. Pourquoi ? Tout simplement parce que ce n'étaient pas les auteurs de ces articles qui avaient trouvé les exoplanètes, alors que c'était l'espoir de toute leur vie ! Cet exemple est intéressant car si, malgré le nombre de contestations formulées, la découverte annoncée tient encore la route, elle en sort renforcée ! C'est un encouragement à la modestie et à la connaissance humaine.

Choisir son lieu de vie

Selon toi, quelle est la plus grande différence aujourd'hui entre un scientifique qui travaille en France et un scientifique qui travaille au Canada ? Pourquoi as-tu décidé de rester en France ?

La plus grande différence, pour moi, c'est la question des castes. Il y a beaucoup moins de castes au Canada et aux États-Unis qu'en France. En France, par exemple, les étudiants et les professeurs ne déjeunent pas ensemble. Aux États-Unis, nous mangions avec Morrison, Gamow, Feynman* et bien d'autres. Un soir où il avait un peu trop bu, j'ai raccompagné Feynman en voiture chez lui. Nous avons bien discuté, je n'étais pas peu fier. Ces moments peuvent être extrêmement fructueux et fertiles en termes de recherche et de pédagogie. De même lors des soutenances de thèse. En France, c'est souvent une formalité académique, figée, peu

---

* Richard Feynman (1918-1988), physicien américain qui a été impliqué dans le développement de la bombe atomique pendant la Seconde Guerre mondiale. Il a été le colauréat du prix Nobel de physique pour ses travaux en électrodynamique quantique en 1965.

propice à la discussion. En Amérique, c'est un moment d'échanges important, de débats d'idées avec tous les intervenants. Il me semble que cette réalité des castes n'est pas étrangère au mauvais classement des universités françaises dans le monde (dans les statistiques de Shanghai, par exemple). Mais ce n'est pas le cas de tous les pays d'Europe : en Allemagne, en Suisse, en Grande-Bretagne, la situation se rapproche de celle de l'Amérique. Les relations de confiance et de coopération entre professeurs et étudiants aux États-Unis se retrouvent ensuite dans les relations professionnelles. C'est un climat plus constructif pour tout le monde. J'avais espoir de pouvoir à mon échelle aider à faire changer les choses dans le monde académique français, ce qui était une illusion. Sur ce sujet, j'ai perdu mon temps…

En contrepartie, aux États-Unis, la course au travail acharné pour réussir et avoir les meilleurs résultats peut avoir des effets négatifs. La compétition est parfois féroce. Certains scientifiques se vantent de ne jamais prendre de vacances, et manger n'existe pas pour eux, c'est comme aller aux toilettes ! En fait, aux États-Unis, la vie professionnelle est plus agréable, mais la vie personnelle plus difficile. Ce qui m'a étonné en France, c'est que, fin juin, les scientifiques mettent la clé sous le paillasson, partent en vacances et ne parlent plus de leur métier. J'aime ce culte du bien-vivre, c'est vivant, positif.

Un autre point qui m'intéressait en France était le côté international, sa communauté cosmopolite, plus diverse qu'au Canada. Et je suis heureux du succès que mes livres ont rencontré dans ce pays. Ils m'ont permis d'être lu par de nombreux lecteurs, variés, dont beaucoup m'encouragent à continuer. Certains me disent que la lecture de mes livres a changé leur vie. Et quand des jeunes gens m'apprennent qu'ils ont choisi leur métier après avoir lu mes livres, c'est très important pour moi, c'est gratifiant.

Une popularité inattendue à 50 ans

Qu'est-ce que la popularité a changé dans ta vie ?

D'abord, c'était totalement imprévu. Je me voyais chercheur dans un observatoire, vivant dans une petite communauté. C'est ce qui s'est passé d'ailleurs pendant de longues années. Avec *Patience dans l'azur*, tout a changé. Quand tu deviens connu, tu endosses une nouvelle responsabilité, tout simplement parce que tu es plus écouté.

Pourtant, il semble que ça n'ait pas changé ta façon d'être. Tu es resté toi-même.

J'ai essayé en tout cas, et Camille m'a beaucoup aidé sur ce plan. Si je commençais à prendre la grosse tête, elle me rappelait tout de suite à l'ordre ! Ce qu'a changé la popularité aussi, c'est que je me suis trouvé une autre façon de vivre. J'ai continué quotidiennement à me tenir informé des publications scientifiques spécialisées, etc. C'est de toute façon essentiel : si tu n'es plus au courant de l'évolution des choses, les gens le découvrent très vite et tu perds tout crédit ! Mais j'ai essayé de mener ma carrière de vulgarisateur en parallèle, tout comme l'écologie, qui est devenue le troisième pôle de mon quotidien.

Quand tu es connu, tu peux appuyer des causes qui te semblent valables. Par exemple, dans la ville de Gien, dans le Loiret, vivent de vieux platanes centenaires. Un nouveau maire a été élu, qui a voulu les couper. Un groupe de protestation s'est formé, qui m'a demandé, ainsi qu'à d'autres scientifiques, de signer une pétition. Cette pétition a eu son effet : la coupe des arbres a été abandonnée et on nous a proposé d'adopter chacun un platane ! Si je n'étais pas connu, mon platane ne serait plus là. Dès que je peux, j'utilise mon nom pour défendre des motifs qui me semblent justes. J'ai une alliée, Nelly, qui connaît bien ces milieux et qui m'aide à faire le tri entre les vraies causes et celles qui peuvent cacher des intentions douteuses. Parce qu'il y a aussi des gens qui cherchent une caution pour reverdir leur réputation sur des sujets que je ne défends pas. Il faut bien se renseigner avant d'accepter une proposition. Mais il y a aussi des gens bien intentionnés, dont l'attitude ouverte aux autres mérite notre estime. Et le responsable syndicaliste Laurent Berger est de ceux-là. Humanité et Biodiversité le rejoint sur la place des corps intermédiaires dans notre société et sur leur importance dans les transformations à mener. Avec son syndicat et d'autres associations nous proposons un « Pacte du pouvoir de vivre », pour allier préoccupation écologique et progrès social.

**Le succès apporte aussi l'argent :
qu'est-ce que cela a modifié dans ta vie ?**

L'argent m'a assuré la sécurité et le confort, ce qui rend la vie agréable. Mais le superflu ne m'intéresse pas. Il me sert surtout à aider ceux qui m'entourent et les causes qui me tiennent à cœur.

De la musique avant toute chose...

**La musique t'accompagne depuis ta jeunesse,
c'est l'une de tes autres passions.
Sans être musicien, tu as quand même trouvé
le moyen de l'intégrer à ta vie professionnelle.
Comment t'y es-tu pris ?**

Ça se passe dans les années 1980, à Cargèse en
Corse, à l'Institut d'études scientifiques. Chaque
année, cet institut planifiait des universités d'été.
Il invitait les meilleurs professeurs de la planète à
séjourner avec leur famille, tous frais payés. Qui
pouvait refuser ça ? Parallèlement, on organisait
un concours ouvert pour accueillir une centaine
de jeunes étudiants venant surtout des pays en
voie de développement, qui n'avaient pas accès
à de bonnes universités dans leur pays. Tout ce
monde-là passait des jours à échanger autour des
quasars*, etc., mais aussi à vivre ensemble, manger
ensemble, faire des activités sportives ensemble.
C'était extrêmement fertile.

Une année, la directrice de l'époque, Marie-France
Hansler, a eu l'idée d'inviter aussi des musiciens. Le
jour, on étudiait la physique, et le soir, les musiciens
répétaient un concert qu'ils joueraient pour clôturer

---

* Noyaux de galaxies extrêmement lumineux et lointains,
compacts et pleins d'énergie. Leur nom signifie « quasi-étoile ».

la saison. J'ai toujours aimé assister aux répétitions. Une année, ils avaient monté *L'Octuor* de Schubert, pour instruments à vent. Pendant une semaine, j'ai vu se construire le récital sous mes yeux : au début, les musiciens déchiffraient leur partition, et puis progressivement la musique prenait forme. J'adorais ce moment. À la fin de la semaine, on assistait au concert. C'est là que j'ai rencontré la famille Lethiec, ma famille musicale. Michel est clarinettiste, Karine, altiste, Sakia et Françoise violonistes et Kristoph compositeur… Un monde de musique. On est devenus très amis et on a commencé à faire des projets ensemble en associant musique et astronomie. D'abord avec des idées assez simples. Karine a ensuite fondé un groupe à composition instrumentale variable qui s'appelle Calliopée : en fonction des projets, elle constitue son groupe de musiciens et part avec eux en tournée. Moi, comme je ne joue pas d'instrument, je ne pouvais pas être de la partie, mais c'était sans compter sur *Pierre et le Loup* ! J'ai commencé à conter avec eux comme cela. Ensuite, on a monté *L'Histoire du soldat* de Stravinsky, puis *Winnie l'Ourson*. Puis on a créé *Mozart et les Étoiles*, ce qui a donné le texte de la bande dessinée publiée au Lombard*. C'est l'histoire de la créativité : pourquoi les artistes se sentent-ils enclins à continuer

---

* *L'Univers. Créativité cosmique et artistique*, en collaboration avec Daniel Cazenave, 2016.

de créer, même dans des conditions très difficiles, comme Beethoven, qui devient sourd ? Maintenant, je participe encore à ce genre de spectacles. C'est une partie essentielle de ma vie. Le moment que j'adore, ce sont les cinq minutes avant de monter en scène. Il se crée une tension un peu électrisante entre tous, c'est exaltant. J'aime beaucoup l'ambiance chez les musiciens. Je la trouve moins compétitive que chez les physiciens. Mais c'est peut-être parce que je suis extérieur à cette communauté. Chez les musiciens, le culte de la musique passe avant tout. Tu ressens une atmosphère quasi religieuse. Les membres de cette « religion » sont plus proches de leur matière. Ils vivent leur musique. Je regarde beaucoup de concerts à la télévision et je trouve cela fantastique. C'est vraiment un cadeau. Tu vois les musiciens en train de jouer, tu lis leur émotion sur leur visage. C'est l'humanité à son meilleur. Un groupe de personnes, réunies autour d'un projet, pour le réaliser en commun. Ça frôle la mystique ; cette création collective a quelque chose de grisant.

Tu as réussi à trouver un équilibre entre tes aspirations profondes : la science et la musique. Il n'y a donc pas forcément à renoncer ou à choisir ?

Non, on peut choisir ce que l'on veut. Et si l'on a plusieurs envies, on peut se donner les moyens de les réaliser toutes. C'est la seule façon de s'épanouir. Autrement, tu deviens un petit soldat. Après, il y a aussi la chance des rencontres, comme celle de Camille, des Lethiec, etc. Ce sont les beaux cadeaux de la vie.

Selon toi, le système éducatif français, fondé sur des « castes » comme tu le dis, favorise-t-il les « petits soldats » ?

Sans doute. Mais une initiative comme celle de cet été, « L'Appel du 18 août » (2018), lancée par un collectif emmené par Robin Renucci (metteur en scène), par Sylvie Gouttebaron (directrice de la Maison des écrivains et de la littérature) et par le réseau Tras notamment, montre que, là aussi, on peut aller dans la bonne direction. C'est une mobilisation en faveur de l'émancipation par la création, la recherche et l'innovation. Un appel à l'État pour organiser des chantiers de création interdisciplinaire qui associeront des artistes professionnels et amateurs, des enseignants, des chercheurs, des médiateurs, des éducateurs, dans toutes les régions de France dès l'été 2019. Encore un chantier à suivre.

Une transmission directe : les enfants

As-tu pris le temps de discuter avec tes enfants de ton parcours et des leurs lorsqu'il a été question pour eux de choisir une voie ?

Ils m'ont toujours posé beaucoup de questions scientifiques. En août, on allait camper en Bretagne. On observait ensemble les étoiles filantes, on aimait partager ces moments. Des questions sur ma vie, moins, c'est venu plus tard. Mais je dois t'avouer que je ne me sens pas très à l'aise avec cette question parce que c'est une époque où je sais que je n'ai pas été assez disponible pour eux.

Vous en reparlez aujourd'hui ensemble ?

On reprend ces sujets maintenant, mais c'est vrai que j'étais trop pris dans ma carrière scientifique et c'était en plus une période où j'allais mal. Mes enfants, eux, aujourd'hui, s'occupent beaucoup de leurs enfants. Ils vont aux réunions de professeurs, etc. Moi je n'ai jamais fait ça et je me le reproche. Je les envie. J'aimerais pouvoir revivre cette époque. Je me dis : « Ah ! j'ai manqué des choses ! » Si c'était à recommencer, je serais plus près d'eux. Nous avons toujours beaucoup communiqué dans l'ensemble. Mais il y a eu une période de crise où le dialogue a été difficile. Puis nous avons suivi une thérapie familiale. C'est une pratique norvégienne, je crois. Tu es en famille avec un.e thérapeute et derrière une vitre fumée il y a une équipe de thérapeutes qui observent les échanges familiaux. Au bout d'une heure d'observation, ils interviennent en posant des questions : « Pourquoi avez-vous dit cela à ce moment-là ? », etc. Ces séances ont été très profitables à toute la famille. Tu découvres qu'il y a des secrets. Dans toutes les familles il y a des sujets dont on ne parle pas, c'est tacite, ce sont des sujets tabous. Et on peut vivre très longtemps avec sa famille sans parler de ces sujets qui font mal, qui provoquent des douleurs. En particulier, il y a souvent un enfant qui catalyse les souffrances de l'ensemble de la famille. Grâce à ces séances, nous avons pu repartir sur de bonnes bases. Quand il y a quelque chose qui ne va pas, maintenant on en parle. Et j'ai de bonnes relations avec mes petits-enfants aussi !

Il y a trente ans, c'était une démarche tout à fait novatrice.

En France, oui, mais ces thérapies familiales étaient déjà présentes au Québec, en Scandinavie, en Amérique. Faire un travail sur soi, c'est un premier pas, mais ce n'est pas sûr que cela suffise pour parvenir à aborder les problèmes relationnels avec l'autre. L'intérêt de ce travail en groupe, c'est de pouvoir débloquer les problèmes *dans la relation*. Parce que les crises arrivent dans la relation. C'est important de pouvoir aborder ce qui ne va pas devant une tierce personne, cela empêche les crises d'éclater. Tu fais plus attention à tes formulations, cela pousse à la réflexion et à la remise en question de soi-même.

Quelles voies ont choisies tes enfants ?

Nicolas est retourné au Canada où il enseigne l'architecture à l'Université du Québec. Après avoir étudié la physique, il fait aujourd'hui du design architectural. Benoît donne des conférences d'astronomie populaire et il dirige des chorales universitaires. Évelyne est juriste, mais elle vient de reprendre ses études pour devenir conseillère psychologique. Gilles est informaticien. C'est lui, par exemple, qui gère mon site Internet. Mais Gilles a eu un parcours différent. Il n'était pas heureux à l'école depuis tout petit et il a arrêté assez tôt. Il est atteint du syndrome d'Asperger, une forme d'autisme associée à de brillantes performances. Sa passion spécifique, ce sont les systèmes électriques. Il est capable de réparer n'importe quel objet électronique en très peu de temps. Il travaille maintenant dans l'électronique.

C'est plutôt *a posteriori* que j'ai compris l'influence que j'avais pu avoir sur les choix de mes enfants.

Pour finir ensemble

Qu'aurais-tu à dire au jeune Hubert de 18 ans que tu as été ?

Ça mérite réflexion mais, personnellement, la chose contre laquelle je me suis toujours battu, c'est ma propre compétitivité. Être compétitif, c'est une qualité, ça te donne de l'énergie, mais ça peut aussi te ruiner la vie, cela crée trop de rivalité. Je lui dirais donc : « Méfie-toi de la compétition, ne cherche pas à tout prix à être le meilleur, c'est un comportement destructeur. » Je lui dirais de ne pas négliger la vie hors du travail. J'ai contre-investi beaucoup cette tendance, et je continue à le faire. C'est un travail personnel intérieur quotidien. Ce que j'aime chez moi en général, ce sont les contre-investissements. Brut, sans travail, je pense que je serais un personnage égoïste.

Qu'aurait-il à dire à celui que tu es aujourd'hui ?

Il aurait envie de lui dire la même chose : « Fais attention ! Limite tes ambitions pour être capable de coopérer. » Un ambitieux ne coopère pas.

Comment résumerais-tu ta vie en une devise ?

« Enseigner, c'est enseigner quelque chose *à quelqu'un*. » Ce n'est pas la peine de changer les programmes continuellement tant qu'on n'a pas admis l'importance affective de l'enseignement. À qui t'adresses-tu ? Le préalable à tout enseignement, c'est de savoir prendre contact avec son auditoire et de se faire aimer. Sans cela, aucune transmission n'est possible. Il faut gagner sa confiance et qu'il puisse se dire : « Je reconnais que tu peux m'apporter quelque chose et je suis prêt à le recevoir. »

Comment harmoniser vie privée et vie professionnelle ?

Ce n'est pas simple, surtout si tu es compétitif. C'est une difficulté continuelle, même encore aujourd'hui. Si j'ai une heure devant moi, ma première idée, c'est d'aller écrire. Mais ça, ce n'est pas la vie familiale. Il faut arriver à faire des choix et ensuite à les assumer en étant complètement disponible aux choix que l'on a faits. Car être en famille en pensant à la page que tu as envie d'écrire, c'est comme ne pas être là. Dans ce cas, tu perds des deux côtés.

Y a-t-il un chemin idéal pour s'orienter vers ta spécialité ?

Pour moi, si tu as la chance d'être accepté dans une grande école, ne la manque pas. Parce que dans ces écoles on s'occupe beaucoup plus de toi. À l'université, tu es livré à toi-même, c'est plus difficile. Et puis aussi, je conseillerais, à partir du doctorat, d'intégrer un temps une grande université étrangère (américaine, anglaise, allemande, etc.). C'est très enrichissant. Les étudiants avec qui je suis en contact ici et qui n'ont pas pu avoir cette expérience le regrettent beaucoup.

Tu nous as peu parlé de tes nombreux voyages. Que t'ont-ils apporté au cours de ton parcours ?

Voyager, c'est très riche intellectuellement et émotionnellement. Et quand tu voyages, la science c'est un peu comme un passeport. C'est un langage commun qui donne confiance, qui ouvre des portes et permet d'explorer d'autres cultures et traditions. C'est un terrain partagé qui facilite les échanges.

Sur quels sujets travaillent tes successeurs aujourd'hui, maintenant que les mystères de la nucléosynthèse sont levés ?

Ils travaillent beaucoup à explorer les premiers temps de l'Univers, le fameux Big Bang, la naissance des galaxies, les trous noirs, la matière noire, la matière ordinaire, etc., et l'ultime question : sommes-nous seuls dans l'Univers ? Y a-t-il d'autres civilisations sur d'autres planètes ?

Comment éveiller la curiosité qui sommeille en nous ?

L'environnement familial, plus ou moins stimulant mais sur lequel tu n'as pas de prise, joue beaucoup dans la transmission de la curiosité. Mais il y a aussi le travail de vulgarisation. Quand tu vulgarises certains sujets, tu portes à la connaissance du plus grand nombre des sujets qui peuvent intéresser : ce que j'appelle la « culture apéritive ». La question essentielle, selon moi, pour ouvrir à la curiosité, c'est : « Qu'est-ce qui te donne du plaisir ? »

Quelle question se poser pour trouver du sens dans le choix de son métier ?

Comment habiter poétiquement le monde ?

Comment vois-tu l'avenir de tes petits-enfants ?

Je suis inquiet de savoir si la planète sera habitable dans cinquante ans, ce dont je ne suis pas sûr du tout. Si tu regardes, par exemple, des photos de la ville de New Delhi, tu réalises que cette ville est devenue inhabitable. Les enfants n'y savent pas que le ciel est bleu. Cela pourrait arriver ici. Je me demande quelle vie auront mes petits-enfants. Est-ce qu'ils auront la vie agréable que nous avons à Malicorne, avec des arbres, des plantes, etc. ?

Tu en discutes avec eux ?

On parle beaucoup de ce qui les intéresse, ce qu'ils aiment, ce qu'ils vont faire, etc. Mais je crois qu'il y a une anxiété générale chez tous les enfants. Je la reconnais partout. Il y a cent ans, tu connaissais concrètement le travail de tes parents : fermier, maçon, etc., et tu pouvais voir quelle serait ta vie en regardant la leur. Maintenant, il n'y a plus de modèle. Les métiers changent tellement vite, beaucoup d'entre eux se passent dans des bureaux, les jeunes ne savent pas ce qu'est la vie profession-nelle. L'avenir est un grand vide, un grand blanc, ils n'arrivent pas à projeter des images. Pour certains, ça crée une anxiété qui les démobilise. Le problème aussi est que cette anxiété peut pousser à vouloir gagner de l'argent avant tout, sans se soucier de l'intérêt de son travail. C'est un gros écueil. D'abord, parce que ce choix mène à l'ennui. Ensuite, parce que savons-nous même si l'argent restera une valeur sûre dans les années à venir ?

Trois questions à méditer chemin faisant

Quels aspects de ta vie te font vraiment te sentir vivant ?

Je me sens vivant quand j'écris un texte qui a toutes les chances d'être apprécié.

Savoir que tu es capable de mener à bien des réalisations que d'autres personnes apprécient et approuvent, c'est essentiel. Le fait de savoir que, pour eux, ta vie est importante, que tu leur apportes quelque chose, crée un dynamisme qui t'aide toi-même à vivre.

Je me sens vivant aussi au contact des artistes et de leurs œuvres, des poètes et des musiciens notamment, qui jouent selon moi un rôle civilisateur d'envergure*.

---

* Cette idée est détaillée (p. 190-191) dans son livre *Le Banc du temps qui passe*, publié au Seuil en 2017.

Quel est ton talent ? Qu'est-ce que tu réussis naturellement, sans grand effort ?

Ce que les gens me disent, c'est que je suis clair. Ils se sentent intelligents avec mes explications. Ils comprennent et ensuite ils se trouvent intelligents d'avoir compris. C'est un double compliment. J'aime échanger avec eux et sentir qu'ils reçoivent cela.

Quelle cause veux-tu défendre ?

La cause qui s'impose aujourd'hui : garder la Terre habitable et agréable à vivre.

Remerciements

Profonde gratitude à nos supporteurs de la première heure : Camille Scoffier-Reeves, Hugo Paviot et, bien sûr, Jean-Marc Lévy-Leblond.

Vifs remerciements pour les relectures attentives et critiques dont a bénéficié cet ouvrage : celles de Camille, Hugo et Jean-Marc, toujours, ainsi que celles de Séverine, Elsa, Marie, Barbara, Nelly et Emmanuelle.

Vifs remerciements, encore, pour la confiance et l'enthousiasme collectif des équipes du Seuil dans le soutien à ce projet de collection.

———————

Enfin, gratitude personnelle à Hubert R., Jean-Marc L.-L., Hugo P., Mila S., Baptiste S., Myoto L., Laure M., Michèle J. et Frank A. qui savent ce que je leur dois. (S. L.)

Table

Du même auteur

Évolution stellaire et nucléosynthèse
Gordon and Breach/Dunod, 1968

Soleil
Histoire à deux voix
*(en collaboration avec Jacques Very,
Éliane Dauphin-Lemierre et les enfants d'un CES)
La Noria, 1977
La Nacelle, 1990
Seuil Jeunesse, 2006*

Patience dans l'azur
L'évolution cosmique
*Seuil, « Science ouverte », 1981
et « Points Sciences » n° 55, 1988*

Poussières d'étoiles
*Seuil, « Science ouverte », 1984 (album illustré)
et « Points Sciences » n° 100,
nouvelle édition revue et mise à jour, 2009
et Point Deux, 2011*

L'Heure de s'enivrer
L'univers a-t-il un sens ?
*Seuil, « Science ouverte », 1986
et « Points Sciences » n° 84, 1992*

Malicorne
*Seuil, « Science ouverte », 1990
et « Points Sciences » n° 179, 2007*

Poussières d'étoiles
Hubert Reeves à Malicorne
(cassette vidéo 52 min)
Vision Seuil (VHS SECAM), 1990

Comme un cri du cœur
(ouvrage collectif)
L'Essentiel, Montréal, 1992

Compagnons de voyage
(photographies de Jelica Obrénovitch)
Seuil, « Science ouverte », 1992 (album illustré)
et « Points » n° P542, 1998

Dernières nouvelles du cosmos
Seuil, « Science ouverte », 1994
et « Points Sciences » n° 130,
nouvelle édition revue et mise à jour, 2002

L'espace prend la forme de mon regard
(photographies de Jacques Very)
Myriam Solal, 1995
L'Essentiel, Montréal, 1995
Seuil, 1999
et « Points Sciences » n° 173, 2006

La Plus Belle Histoire du monde
(en collaboration avec Yves Coppens, Joël de Rosnay
et Dominique Simonnet)
Seuil, 1996
et « Points » n° P897, 2001

Intimes convictions
(entretiens)
Paroles d'Aube, 1997
Stanké, Montréal, 2001
La Renaissance du livre, 2002

Oiseaux, merveilleux oiseaux
Les dialogues du ciel et de la vie
Seuil, « Science ouverte », 1998
et « Points Sciences » n° 154, 2003

Noms de dieux
(entretiens avec Edmond Blattchen)
Stanké, Montréal, et Alice éditions, Liège, 2000

L'Univers
CD, Gallimard, 2000

Sommes-nous seuls dans l'Univers ?
(en collaboration avec Nicolas Prantzos,
Alfred Vidal-Madjar et Jean Heidmann)
Fayard, 2000
et LGF, « Le Livre de poche », 2002

Hubert Reeves par lui-même
Stanké, Montréal, 2001

La Nuit
CD, éditions De vive voix, Paris, 2001

Hubert Reeves, conteur d'étoiles
(documentaire écrit et réalisé
par Iolande Cadrin-Rossignol)
DVD, Office national du film canadien, 2002
Éditions Montparnasse, 2003

Mal de Terre
(en collaboration avec Frédéric Lenoir)
Seuil, « Science ouverte », 2003
et « Points Sciences » n⁰ 164, 2005

Chroniques du ciel et de la vie
Seuil/France Culture, 2005
et « Points Sciences » n⁰ 191, 2010

Réponses à des questions fréquemment posées
De l'astronomie à la crise écologique actuelle, vol. 1 et 2
CD, Spirit Music, 2006

Chroniques des atomes et des galaxies
Seuil/France Culture, 2007
et « Points Sciences » n⁰ 200, 2011

Patience dans l'obscur
(photographies de Jacques Very)
Éditions Multimondes, Montréal, 2007

Petite histoire de la matière et de l'Univers
par Hubert Reeves et ses amis
Le Pommier, 2008

Je n'aurai pas le temps
Mémoires
Seuil, « Science ouverte », 2008
et « Points Sciences » n⁰ 205, 2012

Le Joli Monde d'Hubert Reeves
(en collaboration avec Christophe Aubel et Cécile Léna)
Elytis, 2009

Arbres aimés
(photographies de Jacques Very)
Seuil, 2009 (album illustré)

Du Big Bang au vivant
(en collaboration avec Jean-Pierre Luminet,
réalisé par Iolande Cadrin-Rossignol et Denis Blacquière)
DVD, éditions ECP, Montréal, 2010

Images du Cosmos
(en collaboration avec Benoît Reeves)
DVD et Blu-ray, La Ferme des étoiles, 2010

L'Univers expliqué à mes petits-enfants
Seuil, « Expliqué à... », 2011
et 2012 (album illustré)

La Petite Affaire jaune
Elytis, 2011

L'Avenir de la vie sur Terre
Bayard, 2012

Là où croît le péril... croît aussi ce qui sauve
Seuil, « Science ouverte », 2013
et « Points Sciences » n° 219, 2015

L'Univers, ce qu'on ne sait pas encore...
(par Anna Alter, avec Hubert Reeves)
Le Pommier, 2013

La Mer expliquée à nos petits-enfants
(en collaboration avec Yves Lancelot)
Seuil, « Expliqué à... », 2015

L'Univers
Créativité cosmique et artistique
(en collaboration avec Daniel Casanave)
Le Lombard, 2016

Les Secrets de l'Univers
(anthologie)
Robert Laffont, « Bouquins », 2016

Dialogues sous le ciel étoilé
(en collaboration avec Jean-Pierre Luminet
et Iolande Cadrin-Rossignol)
Robert Laffont, 2016

J'ai vu une fleur sauvage
L'herbier de Malicorne
(photographies de Patricia Aubertin)
Seuil, « Science ouverte », 2017
et « Points » n° 4986, 2019

Hubert Reeves nous explique la biodiversité
(en collaboration avec Nelly Boutinot et Daniel Casanave)
Le Lombard, 2017

Le Banc du temps qui passe
Méditations cosmiques
Seuil, « Science ouverte », 2017

La Terre vue du cœur
(documentaire écrit et réalisé
par Iolande Cadrin-Rossignol)
Distribution, Ligne 7, 2018

La Terre vue du cœur
(en collaboration ave Frédéric Lenoir)
Seuil, (album illustré), 2019

Réalisation : Nord Compo à Villeneuve-d'Ascq
Impression : GGP Media GmbH à Pößneck
Dépôt légal : octobre 2019. N° 143878
Imprimé en Allemagne